品质生活
品味教育

——"幼儿园生活"项目的实践研究

唐晓晴○编著

中国出版集团　现代出版社

图书在版编目(CIP)数据

品质生活 品味教育："幼儿园生活"项目的实践
研究 / 唐晓晴编著. —北京：现代出版社，2021.3
ISBN 978-7-5143-9025-4

Ⅰ.①品… Ⅱ.①唐… Ⅲ.①学前教育—教学研究
Ⅳ.①G612

中国版本图书馆CIP数据核字（2021）第040152号

品质生活 品味教育："幼儿园生活"项目的实践研究

作　　者　唐晓晴
责任编辑　张桂玲
出版发行　现代出版社
地　　址　北京市安定门外安华里504号
邮政编码　100011
电　　话　010-64267325　64245264
网　　址　www.1980xd.com
电子邮箱　xiandai@cnpitc.com.cn
印　　制　北京政采印刷服务有限公司
开　　本　710mm×1000mm　1/16
印　　张　12.25
字　　数　221千
版　　次　2022年4月第1版　2022年4月第1次印刷
书　　号　ISBN 978-7-5143-9025-4
定　　价　45.00元

第一篇

生活：规划幼儿在园生活

第二篇

教育：提升幼儿品质生活

第三篇

幼儿：生活故事呈现教育品质

生活：
规划幼儿在园生活

近年来，在与老师和孩子们的互动中，在理论和实践的体悟中，在教研和培训的交融中一直追寻着教育的真谛。虽然其过程是千变万化、丰富多彩的，但细细回味，总能感到一种温暖。"真正的教育存在于人与人心灵最短的时候。"幸福儿童、幸福童年，这是项目研究的初心，也是探寻教育的原点。

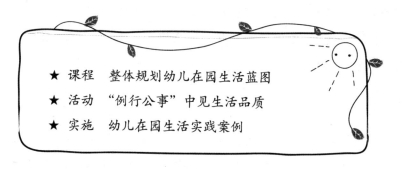

- ★ 课程　整体规划幼儿在园生活蓝图
- ★ 活动　"例行公事"中见生活品质
- ★ 实施　幼儿在园生活实践案例

2011年10月，上海市松江区学前教育唐晓晴首席教师工作室成立。团队以区域学前教育首席教师为工作室主持人，选拔优秀区级骨干教师参与工作室的研究与实践。在第一阶段的3年时间中，工作室采用课题引领的方式，聚焦幼儿在园一日生活活动环节，进行了大量的理论学习、调查研究、现场实践等，积累了丰富的实践经验与文本成果。

该阶段成果从幼儿在园一日生活这一研究载体出发，通过研究与实践，让孩子的在园生活更舒适与从容，让孩子今后的生活更健康与文明。由生活品质的提高塑造幼儿良好的品格，与此同时，提高教师教育的品位，最终实现提升区域幼儿教育的品位。

第一阶段在研究实践中，重点关注以下问题：

◎ 区域现状与问题

从目前幼儿园一线教师生活课程实施的问题出发，聚焦幼儿在园一日生活各环节的组织实施，从便于教师操作的生活环节中研究可供复制与模仿的经验，以此解决教师生活课程实施中遇到的问题，从规范逐步引向优质。

◎ 儿童立场与定位

在研究与成果汇编的过程中，从儿童立场出发是力图传递给每一位阅读者的重要信息，基于儿童当前与未来生活的需要去思考和实践，而非从教师立场出发便于组织与管理。

第一阶段研究成果不仅聚集了工作室成员的智慧，更体现了这些成员所在幼儿园的支持与无私奉献，在此表示衷心的感谢！更感谢工作室导师上海市教委教研室特级教师黄琼老师，每一次的指导与点拨让研究方向更明、意义更显。

（备注：第一阶段唐晓晴首席教师工作室成员钱双、李美、徐梅、周婵、王慧、胡靓、朱晓燕、肖丽娜、张准、范静，以及徐文、薛莉莉、朱梅茜、吴亚萍、张慧、沈莉薇、伍燕飞、徐佳、戴晓蕾、张洁、徐珺、陈莉，参与了项目研究与成果汇编）

课程：整体规划幼儿在园生活蓝图

一、问题探寻、聚焦课程

随着学前教育课程改革的不断深入与推进，"幼儿园一日活动皆课程"的理念已让每一位学前教育工作者接受与了解，但在实际的幼儿园活动中，理念与实践的落差却是当前的重要问题。

幼儿教育应回归生活，应将幼儿园课程回归幼儿生活的本质，其既是承认与尊重生命存在和生命成长的现实与需要，又是让幼儿真正亲近生活而感受成长的快乐。因此，在幼儿园具体甚至是烦琐的一日生活环节，关注幼儿发展的需要，给予幼儿直接的关怀，提供幼儿必要的帮助等，都是"以幼儿发展为本"课程理念的具体体现，更是幼儿教育专业的具体体现。

（一）区域"幼儿生活"课程现状与问题

2011年10月，在本工作室成立初期，围绕幼儿园生活课程现状进行调查，基于实证、基于问题开启了"幼儿园生活"项目研究。依据《上海市学前教育课程指南》精神，区域各幼儿园在课程实施园本化的过程中，对于"幼儿生活"课程究竟重视与关注程度如何，教师在组织与开展一日生活环节的有效性如何，幼儿在该方面的发展又如何呢？以下一些调查让我们可窥见其中的问题。

1. 幼儿园重视和关注"幼儿生活"的研究与实践吗？

为了解区域各幼儿园对于"幼儿生活"的研究与实践情况，我们将近一年来各公办幼儿园开展的园级专题研究的内容进行收集与汇总，并将专题内容进行了有关学习、游戏、运动、生活、其他（综合）等方面的分类，情况如表1-1所示。

表1-1　本区各幼儿园近一年来开展的专题研究情况汇总

涉及内容	有关学习	有关游戏	有关运动	有关生活	其他
占比（约）	55%	20%	17%	5%	3%

从表1-1数据可见，各幼儿园在选择专题研究的内容方面，还是十分关注学习、游戏等板块的内容，而对于幼儿一日生活的研究与实践，相对另三类活动还是占比比较少的。由此，幼儿园层面关注少、易忽视是现状之一。

2. 教师在组织与开展一日生活环节的有效性如何？

为了解教师对于一日生活的重视与开展情况如何，我们分别抽样100名教师，对《上海市学前教育教师参考用书——生活活动》（以下简称《生活活动》）的学习与使用情况、特定情境下教师行为的观察与记录、抽样3所幼儿园一日生活环节组织三个方面进行了调查与了解。

（1）《生活活动》教参如新

表1-2　抽样关于教师对《生活活动》教参的学习与使用情况

学习与使用频率	每天翻阅	每周翻阅	每月翻阅	每学期翻阅	从不翻阅
占比（约）	0%	0%	2.9%	67.7%	29.4%

从《生活活动》教参的新旧程度可见，教师对于《生活活动》教参很少翻阅，甚至有一部分教师从不翻阅（见表1-2），乃至当我们让教师拿出身边的《生活活动》教参时，崭新的书本放在我们面前，让我们感受到教师对于"幼儿生活"方面学习的匮乏与实施的固有经验化，教师普遍认为幼儿一日生活的这些例行公事都已习以为常了，不必学习教参，更不必反思实践等。

（2）教师行为视而未见

在来园接待这一特定环节教师行为的观察中，我们选取了不同教龄与经验的教师作为观察对象（1年教龄新教师10名、10年以上教龄老教师10名），在来园接待这一过程中，新、老教师表现出不同行为，背后反映出教师对于来园接待环节教育价值的理解与教师行为的诠释。

表1-3　来园接待特定情境下的教师行为观察汇总

观察点	主动与家长、幼儿招呼	关注到个别幼儿需求	记录家长嘱托	检查幼儿携带物品安全
新教师（1年教龄）	60%	10%	0%	0%
老教师（10年以上教龄）	80%	80%	10%	30%

新、老教师的来园接待行为中，对于主动招呼幼儿与家长、个别幼儿需求的关注方面差异明显，而对于家长嘱托的记录、安全检查方面均较为忽视（见表1-3）。从这一特定情境的观察发现，由于幼儿园层面较为忽视这些生活环节，因此对新教师指导不够，对老教师要求不够。教师普遍对于幼儿的实际生活需要与指导有视而不见的现象。

（3）生活环节等待高控

抽样区域3所幼儿园（一级以上幼儿园1所、二级城镇幼儿园1所、二级农村幼儿园1所）一日生活环节流程，生活环节组织的高控、幼儿等待的现象在各幼儿园均有不同程度的发生。

3. 幼儿发展如何？

通过每学年区域"学校发展性督导评价"中关于幼儿园"幼儿发展"专项督导结果可见，关于"乐意接受日常清洁事项，生活习惯良好，喜欢自我服务，能做力所能及的事，有初步责任感"这一项内容（满分为4分），2011学年区平均分为3.83、2012学年区平均分为3.84，较其他各项（如运动等）得分偏低0.1分左右。尤其是农村幼儿园中，生活习惯良好等方面，幼儿表现较城镇幼儿园更弱。

综上所述，本区"幼儿生活"教育现状不容乐观，尤其在重视幼儿园集体教育活动这一传统观念的影响下，幼儿生活方面的研究与实践还未受到足够的重视与关注。

（1）幼儿园课程管理层面少关注、易忽视；

（2）教师课程实施层面多高控、易漠视。

（二）项目确立与意义

立德树人作为教育的根本任务，需要我们不断思考与实践。作为一名幼儿教育工作者，立德树人即学前教育不仅是学习知识、技能，更重要的是良好品德、习惯等潜移默化的培养，以逐渐影响幼儿形成正确的世界观、价值观、人生观，这才是让幼儿受益终身的。作为一名"师者之师"，立德树人即研训工作不仅是教学研究与教师培训，更重要的是为人师表、树立德业、优化教学、提升品质，逐渐引导教师树立正确的儿童观、教育观、价值观等，这才是教师受益终身的。

联系本项目，从幼儿在园一日生活课程这一研究载体出发，力图让幼儿在园生活更舒适与从容，让幼儿今后的生活更健康与文明。由生活品质的提高塑造幼儿良好的品格，与此同时，提高教师教育的品位，最终实现提升区域幼儿教育的品位。

"品之魂"，立德树人从幼儿的习惯开始，从课程改革的实践开始，从教师的言传身教开始，蕴藏底蕴、立教圆梦。结合上述思考及区域现状分析，本项目开展基于以下需求思考。

1. 基于幼儿在园一日生活品质提高的需要

当上海市学前教育课程改革日渐深入，"以幼儿发展为本"的理念已深入每一位学前教育工作者的心中，如何从幼儿的角度出发，关注幼儿在园一日活动的质量，提高每一个幼儿在园一日生活品质已成为必然。本课题聚焦幼儿在园生活的每一个环节，从幼儿立场出发，基于幼儿生活品质的提高，具有现实意义与价值。

2. 基于教师组织幼儿一日生活品质提高的需要

当作为课程执行者的教师对上海市学前教育课程中"学习""游戏"等板块内容日渐重视的同时，占幼儿在园一日活动约50%以上的生活板块却还未引起教师足够的重视，往往如每日例行公事般重复而麻木。"一口饼干、一口牛奶"口号式的指导成了大部分教师的口头禅，却忽略了孩子此时是否需要这样的指导。本课题聚焦教师课程实施中的问题，从观察幼儿的行为入手，基于教师组织幼儿一日生活品质的提高，以此提高教师专业化水平，具有实践意义与价值。

3. 基于幼儿园课程平衡的需要

当"幼儿园的一日活动皆课程"成为目前学前教育的重要理念，幼儿园课程平衡也成了大家关注的重点。而对于幼儿在生活活动中行为习惯的养成、自理能力的培养、共同生活的适应等，均是幼儿园课程有别于小学课程的重要方面。本课题聚焦幼儿在园一日生活活动环节，从幼儿与教师两个方面出发，基于幼儿园课程平衡的需要，以此打破过度重视学习的现状，具有理论意义与价值。

4. 基于区域学前"按需研训、减负增效"的需要

当本区学前教育在雁阵式发展品牌的构建下，倡导区域研训工作应"按需研修、减负增效、整合有效"。在区域研训需求的调查中，"幼儿生活"成了各层面教师亟须研训的内容。作为本课题的研究主体——（唐晓晴）区首席教师工作室，既承担着解决区域学前研训重难点问题的任务，又承担着培养优秀青年教师同时积累培训资源的重任，本课题的开展可作为一项重要载体，既解决教师课程实施的重难点问题，又以课题方式重视过程性研究与课题成果，可谓一举多得。

5. 基于学前教育区域研究特色彰显的需要

当本区学前研训在经历了主题式研训一体的模式研究与实践后，在研训方式与方法上积累了宝贵的经验，但研训内容上缺乏特色。从幼儿园课程出发的幼儿生活的研究与实践正是从内容上着力构建特色，结合以往研训一体模式研究中的方法，将内容与方法两者紧密联系，做出大胆尝试与创新实践。

（三）项目目标与内容

从启动"幼儿品质生活"研究项目开始，究竟什么是幼儿的品质生活？我们又该如何展开？当这些问题萦绕于心时，佐藤学《静悄悄的革命》一书及黄琼导师的点拨给予了很多启发，于是"静悄悄的改变"逐渐成为我们的共识。

静悄悄——这是一项静悄悄的研究与实践，它不是响亮的口号，也不是热闹的活动，更不是一蹴而就的变革；这是一项静悄悄的研究与实践，它是观察后静静的思考、思考后润物无声的实践、实践后潜移默化的影响，更是漫长的静心的等待绽放。

改变——这是教师与孩子的改变，是教师行为的改变，更是教师教育理念与思维的转变；是孩子行为的改变，更是孩子今后生活态度与习惯的养成。

我们心中的"幼儿品质生活"，既直接指向幼儿在园一日生活的品质，更间接影响幼儿今后长远生活的品质，它应是健康的（生理与心理）、文明的（礼仪与礼貌）、积极的（乐观与尊重）、自理的（自理与有序）。

（1）研究目标

在此项研究中，我们从幼儿在园一日生活课程入手，通过生活环节实施中的问题发现与分析，研究各生活环节教师的具体实施，包括生活环境创设和教师观察与指导等，在为一线教师提供相关操作建议与资源的同时，关注幼儿在园生活品质与生活习惯的提高，使幼儿生活课程研究走向幼儿社会生活，并彰显区域学前研究特色。

（2）概念界定

幼儿在园一日生活环节是指幼儿在园一日活动中直至满足幼儿生命需要的

活动环节，其具有发展幼儿生活自理、交往礼仪、自我保护、环境卫生、生活规则等功能，主要包括来园、盥洗、餐点、饮水、如厕、睡眠、离园等日常生活环节。

实施是指教师在开展幼儿在园一日生活环节的实际行为与实践，重点指向各生活环节的环境创设、教师观察与指导等。

（3）研究内容

①幼儿在园一日生活环节实施的现状调查与分析。

②幼儿在园一日生活环节实施的操作建议与资源。

（4）文献综述

幼儿在园一日生活环节的实施可谓一个长久常新的话题，国内外众多教育机构均开展过相关的研究与实践。

日本著名学前教育家高杉自子在《与孩子们共同生活——幼儿教育的原点》一书中从现场中心主义和站在孩子立场上的保育观，主张作为幼儿生活场所的幼儿园应开展以幼儿为主体的生活，关注幼儿与生存直接相关的能力和开创新生活能力的培养。

云南省昆明市西山区教育科研培训中心对于优化幼儿园一日活动的组织、提升幼儿园保教质量有专题小结，其中对于幼儿园一日活动的现状、生活活动的组织等强调幼儿各种生活卫生习惯、劳动态度和自理能力、责任感和社会性行为规范的养成均可在幼儿生活活动中完成。

上海市教育委员会主编的《上海市学前教育纲要》及相配套的教师参考用书《生活活动》中均对生活活动的基本经验、组织要点、内容提示、日常指导与活动建议等提出了可供教师实施参考的建议，在内容中围绕力所能及的事、文明的行为举止、保护自己、适应集体四个方面进行内容与要求、日常指导、活动建议、家园共育、案例与分析等方面的专业提示与指导。

上海市徐汇区学前教育管理指导中心与上海市徐汇区科技幼儿园合作，出版了《幼儿园保教指导手册》，其中针对生活以评价内容、评价要点、评价标准、操作建议的方式进行梳理，同时针对特别幼儿的观察指导策略、幼儿意外伤害事故应急处理预案、案例分析、集体教学活动、活动区活动、年龄阶段目标均提出了实施建议。

综上所述，关于幼儿在园生活的研究与实践还有众多文献及实践经验，总体评述可以概括为以下几个方面：

其一，有理论。从国内外文献资料分析，关于幼儿生活方面的理论并不缺少，并且对于幼儿生活的理念、目标均有清晰与详细的资料。

其二，有实践。在学前教育国家纲要、《上海市学前教育纲要》的指导下，上海市提出了针对幼儿教师操作的建议等。

其三，缺乏先进理论与可操作实践的联系。即以"幼儿发展为本"的理念指导幼儿生活，如何站在幼儿的立场关注幼儿在园一日活动环节的开展，尤其针对教师如何从幼儿生活的视角出发，对于日常例行公事式问题的发现、分析与解决仍显不足。

基于以上分析，项目研究重点从本区域实际出发，关注幼儿在园一日活动环节开展中的问题，由此提出操作建议并汇集资源，在参考众多文献资料的基础上，解决理论与实践紧密联系的问题。

（四）项目研究路径

本项目研究路径为主题选定—计划导航—教研相约—案例分享。

1. 主题选定

在上述的区域"幼儿生活"教育现状中，通过问卷调查、现场调研等方式，分别对"幼儿园重视和关注'幼儿生活'的研究与实践吗、教师在组织与开展一日生活环节的有效性如何、幼儿发展如何"三个问题的调查与分析。发现区域"幼儿生活"教育现状不容乐观，尤其在重视幼儿园集体教育活动这一传统观念影响下，幼儿生活方面的研究与实践还未受到足够的重视和关注。一方面基于问题与需求，另一方面关注"幼儿生活"的意义价值，选定了"幼儿品质生活"这一主题开展研究与实践，其意义与价值显而易见。

品之径：立足实际、基于问题、深入分析是首要，是项目研究有效开展的基础。

2. 计划导航

工作室研究计划的制订是项目开展之初的重点工作，以计划导航，目标共识、内容共研、分工明确、步骤明晰。在计划中以任务驱动的方式，明确团队任务"三个一"，即完成一项课题研究、形成一套相关培训课程、积累一份教师操作手册。在总计划的指导下，工作室各成员跟进制订自我发展计划，匹配目标、分解内容、协作互动、实施分步。同时，工作室成员个人发展规划匹配

"三个一"个体任务，即参与（或独立完成）一项课题研究、完成一份个人成长档案、每学期承担一次现场实践。

品之径：计划的可行、可测、可操作，是研究项目有效开展的保证。

3. 教研相约

定期"半日快乐"教研活动，其流程是：预约任务—网络通知—预备主题—现场教研—成效沟通。表1-4中呈现的是系列教研活动。

表1-4 教研活动

序号	主要内容
1	我们的团队——明晰定位、共建愿景；了解需求、收集问题
2	我们的体验——换位体验、问题梳理
3	我们的学习——专家报告聆听
4	我们的体验——来园活动的观察与问题梳理
5	我们的体验——盥洗与如厕的环境创设和教师指导
6	我们的体验——餐点环境创设与教师指导
7	我们的体验——饮水环境创设与教师指导
8	我们的体验——午睡环境创设与教师指导
9	我们的再体验——来园活动
10	我们的再体验——饮水
11	我们的再体验——餐点
12	我们的再体验——离园活动
13	我们的再体验——盥洗与如厕
14	我们的再体验——午睡

品之径：有主题的预设、有准备的教研、有现场的互动、有方法的反思、有思想的收获，是研究项目有效开展的重要途径。

4. 案例分享

活动中观察案例即兴分享，以记录表的方式（见表1-5），记录活动现场观察到的幼儿行为并思考。活动后反思案例感悟分享，以教学案例的方式，整理活动中的记录与活动后的思考，发送到公共邮箱分享感悟。反思后再实践案例心得分享，结合教研中的感悟，自己尝试实践，之后再次采用案例的方式进行书写，发送到公共邮箱交流心得。

表1-5　幼儿行为观察记录与思考

孩子的行为表现	孩子可能的感受	观察到的教师回应	你的思考（或是你的回应，或是对教师回应的评价）

品之径：将学、观、思、行、悟相结合，是项目研究有效开展的关键之一。

二、儿童立场、确立理念

《上海市学前教育课程指南》提出"以幼儿发展为本"的课程理念，为幼儿园生活课程提供了方向指引，也为树立正确的课程观提供了指南。如何将这一理念落地，以此优化幼儿园生活课程的实施，是首要且重要的内容。因此立足儿童立场，将"以幼儿发展为本"的理念落实于幼儿园生活课程之中，创造以幼儿为主体的在园一日生活，是重要的课程理念，并从以下几个方面进一步诠释与理解：

（1）确保每个幼儿的存在感与安全感（观点一：教师观察与幼儿安全）。

（2）尊重不同幼儿的生活习惯与方式（观点二：尊重个体差异）。

（3）与家庭生活接轨的幼儿在园一日生活（观点三：家园共育）。

（4）与社会生活接轨的幼儿在园一日生活（观点四：资源共享）。

（5）幼儿与教师共同建构的在园一日生活（观点五：师幼共建）。

三、基于需要、规划课程

（一）幼儿在园一日生活的需要

基于儿童发展心理学研究成果，我们可以从生物性需要、认识性需要与社会性需要等方面，了解幼儿在园一日生活中的需要，并以此指导我们的工作。

1. 日常生活中食住排泄的需要

这是幼儿一日生活的基础，也是生物性需要中最低层次的需要，因此，教师在餐点、午睡、如厕等环节应关注每个幼儿不同的生理需要，适度满足。

2. 依恋与关注的需要

这是幼儿心理发展中关于社会性需要中较低层次的需要。教师在一日生活与幼儿的相处中应从心理的角度给予关注与满足，尤其是低年龄幼儿更需要教师付诸情感关怀，给予幼儿安全感，以减缓焦虑等。

3. 秩序与归属的需要

这是幼儿心理发展中关于生物性需要与社会性需要中较高层次的需要。教师应合理安排幼儿在园有规律、有序的生活流程，建立与环境的联系并逐步适应，以顺应的方式有针对性地满足。

4. 自主与独立的需要

这是幼儿心理发展中关于社会性需要中较高层次的需要。教师应尊重幼儿的意愿与想法，尽量满足其自主地参与各项活动，鼓励幼儿独立做力所能及的事，这也是幼儿生活习惯与能力培养的重要途径之一。

（二）教师实施一日生活课程的重点

1. 安全、便利、温馨的环境创设

确保幼儿在园一日生活的安全是最基础与最重要的，因此，每天在幼儿还未来园时，教师应检查班级中的教玩具是否有损坏或有锐利边缘，应及时替换或修补；检查班级中所有没有使用的插座是否盖上安全盖；检查桌椅摆放是否便于孩子行走。与此同时，换位感受与体验幼儿活动空间、场地安排等是否便利舒适也是教师应考虑和实践的。

2. 有序、合理、从容的作息安排

在幼儿园整体一日作息安排的指导下，教师应关注幼儿在园每一天的作息安排与灵活调整。尤其是低年龄幼儿的作息中生活环节应预留充足的时间，让他们有机会足够自主完成各项活动。其中，除了可以遵循的三餐之间间隔时间2小时左右、午睡保证2小时左右等这些原则之外，对于幼儿的饮水、盥洗、如厕等也应合理安排，满足个体需要。

3. 观察、照顾每个幼儿生活

在一日生活中，教师最大的挑战在于观察并照顾每个幼儿的生活需要，同时根据实际给予幼儿帮助与指导。因此，倾听、观察、回应等应成为教师的专业基本功，并在此过程中了解每个幼儿的兴趣与爱好、性格与脾气、学习方式等。

4. 鼓励、支持幼儿自我服务

在餐点、午睡、如厕等环节中，不仅要给予幼儿被关怀与照顾的感受，更应提供幼儿自我服务的机会，鼓励幼儿自己完成力所能及的事，大龄幼儿还应

鼓励其为他人服务，在共同生活中了解规则，体会人与人相处的快乐等。

5. 一致、及时的家园联系

与家长的及时联系和一致教育是幼儿在园一日生活有品质开展的关键所在，向家长了解孩子，同时及时沟通，保持一致的教育观念与行为等均是教师不可忽略的部分，也更能促进幼儿良好行为习惯的养成等。

（三）幼儿在园一日生活主要环节的发展预期

1. 来园

（1）喜欢老师与同伴，喜欢上幼儿园。

（2）主动与老师和同伴招呼，与家长说"再见"。

（3）有独立做事的愿望，完成力所能及的自我服务（如换鞋、穿脱衣等）。

（4）有初步的安全意识，如不带危险物品来园等。

（5）乐意参与值日生工作，体验为他人服务的乐趣。

（6）积极参与活动，情绪愉悦。

2. 盥洗

（1）了解洗手的好处，饭前、便后、手脏时能及时洗手。

（2）知道洗手的方法并能正确洗手。

（3）洗手时不玩水，不弄湿衣袖，知道节水。

（4）餐后能主动漱口，方法正确。

（5）出汗后、餐后能主动擦脸，方法正确。

3. 如厕

（1）愿意在幼儿园如厕，不紧张。

（2）知道及时排便的好处，有便意及时告诉老师或自主如厕。

（3）能自主脱、提、塞裤子，便后主动使用便纸。

（4）便前、便后洗手，有序如厕。

（5）逐步养成定时排便的好习惯。

4. 餐点

（1）知道餐前不做剧烈运动，餐前要洗手。

（2）安静、愉快地进餐，乐意自己吃饭。

（3）正确使用餐具，逐步独立进餐。

（4）了解一些简单的营养知识，不挑食、不偏食。

（5）了解一些进餐礼仪，不大声讲话，保持桌面、地面干净等。

（6）餐后主动整理餐具，自己擦嘴、漱口、洗手等。

5. 饮水

（1）知道多喝白开水有利于身体健康，逐步养成主动喝水习惯。

（2）自主取放杯子，有序接水，适量喝水。

6. 午睡

（1）愿意在幼儿园午睡，能逐步独立入睡。

（2）知道午睡对身体的好处，养成按时午睡的好习惯。

（3）自主做好睡前准备，如如厕等。

（4）午睡时愿意适量脱衣裤，逐步独立穿脱衣、鞋裤等。

（5）钻被筒，盖好被子，安静入睡。

（6）知道正确的睡姿，不打扰同伴。

（7）有便意、身体不适等及时告诉老师。

（8）起床后学习整理床铺等。

7. 离园

（1）自主整理仪表，喜欢干净整洁。

（2）整理物品，有序摆放。

（3）跟随家长离园，不独自离开，不跟陌生人走。

（4）主动与同伴、老师道别，玩具、桌椅等物归原处、物归原样。

活动："例行公事"中见生活品质

幼儿在园的一日生活中，每日的"例行公事"是幼儿与教师都熟悉而亲切的。对于幼儿而言，习惯养成、自我服务、动作练习、情感体验、同伴交往等均在例行公事中得到发展；对于教师而言，了解需求、观察指导、师生关系等均在例行公事中获得发展机会。而看似每日不变的例行公事中却蕴含着丰富的幼儿全面学习与发展的机会。

我们以幼儿在园一日生活环节为载体，试图从以下角度提供教师思考与操作的建议。

◎ 活动意义简述

围绕一日生活各环节的意义与价值，从"四要"入手——"首要"即首先需要考虑的价值，"重要"即最为重要的提示，"必要"即不可或缺的内容，"需要"即根据幼儿生活实际需要安排的内容，简明阐述该生活环节的意义与价值。

◎ 需要考虑的问题提示

以问答的方式向教师介绍这一生活环节中一些需要考虑的典型问题，并针对这些问题提供操作建议。一般的问题包括如何创设相关环境、需要提供哪些材料与如何摆放、如何组织流程与观察指导、如何联系家长等。

◎ 对家园共育的建议

以书信的方式将幼儿园的生活与家长沟通，让家长理解、认同我们为什么这样做，以及需要家长与我们共同关注和努力的方面。

来　园

来园环节预示着幼儿在崭新的一天中，家庭生活的结束，在园生活的开始。对于幼儿而言，来园时良好的情绪感受与体验是一日活动顺利进行的前提；对于家长而言，来园环节是家长与教师简短接触和沟通的机会，是增加家长信任感的契机；对于教师而言，有了良好的开端，会使一日活动有条不紊地进行。

一、来园环节意义简述

◎ 情绪愉悦是首要

◎ 安全保护是重要

◎ 招呼告别是必要

◎ 自理劳动是需要

二、需要考虑的问题提示

（一）孩子来园前，应该做哪些准备？

1. 通风整洁

开窗通风，保持活动室空气流通、光线充足，环境整洁、舒适、畅通。

2. 情绪准备

教师调整自己的情绪，准备以良好的心态、愉快的心情与幼儿、同事互动。

3. 服装物品

（1）更换好当日带班服装（如平底鞋、不穿筒裙、佩戴工作牌等）。

（2）妥善放置手机和私人物品，确保不在带班期间接听电话。

4. 活动准备

（1）检查当日活动的环境及相关的教学用具是否已经准备完备，并摆放到相应的位置。

（2）准备专门容器，放置幼儿带来的物品、玩具。

（3）准备合适的玩具，以便安抚幼儿情绪。

（4）翻阅计划和备课资料，重温当日活动安排。

5. 沟通协调

主班教师与搭班教师和保育员沟通当日活动的内容、安排、需配合的事项等，协商分工。

6. 环境创设

与来园相关的环境创设除了应关注来园活动本身的价值外，更应关注孩子近期的发展需要、值得解决的问题等。从物质环境创设的角度，托、小班与中、大班分别创设举例，如表1-6、表1-7所示。

表1-6　托、小班

内容示例	价值分析	操作建议
晨检牌	（1）愿意上幼儿园 （2）愿意接受晨检 （3）认识自己与同伴 （提示：教师了解幼儿的来园情况及健康状况等）	（1）摆放位置：活动室门口 （2）插放方式：嵌入、刺毛贴等 （3）标识设计：自己的照片或孩子自己选择的喜爱的动物图示等
衣橱、玩具柜	（1）自理意识：尝试自己摆放玩具、整理衣物 （2）整理意识：尝试体验衣物、鞋子、小书包、玩具归类摆放整理	（1）摆放位置：便于教师观察处 （2）橱柜设计：衣服、鞋子、小包、玩具物品可分类 （3）标识提供：实物照片、摆放提示图片等
"来园一件事"	（1）习惯养成：通过一段时间一件事的反复提示与操作，养成好习惯 （2）自主意识：有独立做事的愿望	（1）提示内容：按需，如插排、招呼等 （2）提示地点：活动室门口 （3）提示方式：图片或实景照片
家园互动墙	家园共育：促进家园的有效沟通、互相理解、互相学习	（1）创设地点：活动室门口 （2）联系内容：按需 （3）联系方式：互动
心情墙	情绪表达：乐意表达自己的各种情绪	（1）创设位置：便于幼儿操作处 （2）呈现方式：笑脸、哭脸、爱心等
私密小空间	适应能力：满足情感需要，适应新环境等	（1）创设地点：活动室内、角落等 （2）创设方式：大纸盒、小帐篷等，里面放置毛绒玩具、垫子等

续 表

内容示例	价值分析	操作建议
安抚物	安抚情绪：安抚因适应新环境而带来的恐惧心理	（1）物品选择：投放孩子喜爱的手偶、毛绒玩具等 （2）出现方式：来园迎接、一日陪伴等
音乐	（1）舒缓情绪：稳定、舒缓情绪 （2）信号提示：听音信号做反应 （3）营造氛围：营造轻松、愉快的来园氛围	音乐选择：活动中轻松音乐，提示音乐应有特征（如节奏欢快等）
自然角	（1）乐趣体验：体验简单劳动、观察发现的乐趣 （2）简单劳动：尝试给植物浇水、小动物喂食	（1）内容选择：植物类以应季观赏为主，少量发芽等植物；动物类以安全为主，如小金鱼、小乌龟等 （2）摆放方式：分类摆放（植物与动物、喜阳与喜阴、喜欢喝水与否等） （3）工具提供：小小的浇水壶 （4）标识创设：喝过水、喂过食的标识，动植物的标识等

表1-7 中、大班

内容示例	价值分析	操作建议
晨检牌	（1）健康卫生：了解自己身体健康和卫生状况 （2）自我认识：感受并认识到自己是集体中的一员 （提示：教师了解幼儿的来园情况及健康状况等）	（1）摆放位置：活动室门口 （2）插放方式：嵌入等 （3）标识设计：数字、符号、动物等标识
衣橱、玩具柜	（1）归类摆放：衣物、鞋子、小书包、玩具归类摆放 （2）自主整理：分类归放物品，在有序的空间里养成良好的整理习惯 （3）安全意识：知道不带危险物品来园	（1）摆放位置：便于教师观察处 （2）橱柜设计：衣服、鞋子、小包、玩具物品可分类 （3）标识提供：简单图示

续表

内容示例	价值分析	操作建议
"来园几件事"	（1）习惯养成：在事情的完成中养成良好的文明行为习惯 （2）有序做事：了解做事的有序性 （3）自我管理：关注情绪、礼貌、自理等方面的来园自我服务 （4）劳动服务：为同伴、集体服务，试着从做自己的事扩展到做集体的事，增强集体意识	（1）提示内容：来园必须完成的几件事，如招呼、插排放物品、劳动等 （2）提示地点：活动室门口 （3）提示方式：幼儿对几件事的记录与表征图
家园互动墙	家园共育：促进家园有效沟通、互相理解、互相学习	（1）创设地点：活动室门口 （2）联系内容：按需设计，体现互动
心情墙	情绪控制与调节：控制与调整自己的不良情绪	（1）创设位置：便于幼儿操作处 （2）呈现方式：记录、图示等
值日生	劳动服务：学做值日生工作，体验为他人服务的乐趣，有初步的集体意识与责任感	（1）创设地点：活动室内、生活区域 （2）创设方式：翻牌、插排等
音乐	（1）营造氛围：营造轻松、愉快的来园氛围 （2）舒缓情绪	音乐选择：活动中轻松音乐，提示音乐应有特征（如节奏欢快等）
自然角（涉及的环境）	（1）参加劳动：学做种植、养殖、护理、记录、值日等力所能及的事 （2）体验乐趣：体验劳动、护理、观察、探索、发现、实验的乐趣 （3）积累经验：了解植物生长、发芽、长叶、开花、结果以及动物的生长、蜕变	（1）内容选择：植物类（观赏与实验，如不同水、土条件下的植物发芽实验等），动物类（饲养与观察，如便于饲养与观察的小蝌蚪、蚕等）。注意选择动植物种类的安全性 （2）摆放方式：分类摆放（植物与动物、喜阳与喜阴、喜欢喝水与否等） （3）工具提供：浇水壶、记录纸笔、尺、放大镜等 （4）标识创设：喝过水、喂过食的标识，幼儿自己设计的动植物标识等
天气预报（涉及的环境）	（1）自我服务：感受天气变化，能结合天气的冷暖增减衣服 （2）责任与服务：能做气象员，关心周围的朋友 （3）探究与发现：亲近大自然，有观察、探索周围事物、现象变化与发展的兴趣，初步了解人与自然的关系	（1）创设地点：活动室内、生活区域 （2）创设方式：图表记录、绘画表征、图示插排等 （3）预报内容：天气、温度、穿衣等

（二）孩子来园时，该做些什么？（见表1-8、表1-9）

表1-8　托、小班

流程	对象	内容	提示		
招呼与告别	教师	主动招呼、示范鼓励、提醒告别	**人员**	**站位**	**分工**
	幼儿	乐意招呼、愿意告别	主配班均在时	主班：门口	接待幼儿与家长
	家长	相互招呼、主动告别			
交流与沟通	教师	鼓励表扬、关注适应、按需沟通、及时联系、接受需求、满足需要		配班：活动区	全面观察，照顾个别幼儿
	幼儿	乐意应答	主班一人带班时	门口为主（当幼儿陆续来园时，站位可在活动室门口和活动室中交替，两边兼顾，便于全面观察，眼光追随门口）	既做好幼儿与家长的来园接待，又观察照顾个别幼儿
	家长	按需联系			
自理与整理	教师	主动提醒、帮助指导			
	幼儿	乐意参与、分类摆放			
参与活动	教师	引导选择、鼓励参与			
	幼儿	乐意参与、大胆选择			

表1-9　中、大班

流程	对象	内容	提示		
招呼与告别	教师	主动招呼、相互告别	**人员**	**站位**	**分工**
	幼儿	乐意招呼、愿意告别	主配班均在时	主班：门口	接待幼儿与家长
	家长	相互招呼、主动告别			
交流与沟通	教师	鼓励表扬、拓展交流、按需沟通、及时联系、接受需求、满足需要		配班：活动区	全面观察，关注个别幼儿，兼顾指导
	幼儿	乐意交流	主班一人带班时	门口为主（当幼儿陆续来园时，站位可在活动室门口和活动室中交替，两边兼顾，便于全面观察，眼光追随门口）	既做好幼儿与家长的来园接待，又全面观察，关注个别幼儿，兼顾指导
	家长	按需联系			
自理与整理	教师	观察指导、按需帮助			
	幼儿	主动自理、整理有序			
劳动与服务	教师	提醒参与、观察指导			
	幼儿	主动参与、完成任务			
参与活动	教师	创设环境、提供机会			
	幼儿	自主选择、主动活动			

（三）如何让孩子觉得在幼儿园的一天都是与家长心连心的？

（1）提醒幼儿与家长间进行温馨的招呼告别环节，以做心理安慰。

（2）以柔和的语言及动作等对待每一名幼儿，如蹲下身子与幼儿说几句话，或轻抚幼儿的头，或轻轻拥抱一下，问问幼儿想先做什么活动，然后在家长的视线下引领他找到活动区，微笑和家长挥手告别。

（3）允许幼儿保留一些在家中原有的生活习惯。

（4）提醒家长准时来接孩子，并且说到做到。

（四）如何帮助托、小班孩子每天愉快地与教师打招呼、与家长说"再见"？

（1）每天早上站在活动室门口，主动与孩子招呼，离园时主动向孩子说"再见"，并坚持以微笑对待每一个孩子。有条件的话，可以在活动室门口挂上有孩子与家长照片的欢迎条幅，表达欢迎。

（2）注意观察孩子与家长的道别方式，学着做并建立固定的道别方式，有助于安全感的建立。

（3）允许孩子带一件自己喜爱的物品来园，作为缓解分离焦虑的替代品。

（4）每天早上安排一个有趣的活动或准备一件有趣的物品，吸引孩子来园。

三、对家园共育的建议

给家长的一封信

亲爱的家长：

在宝宝来到幼儿园的这段日子中，在您与我们的共同努力下，宝宝取得了很大的进步，能学着暂时离开家庭，接触新的环境，愿意来幼儿园，这是他迈向社会性发展的第一步。那么如何在关怀、肯定和鼓励中，为宝宝创设一个良好的来园环境，让宝宝们能充满信心地参与到接下来的活动中，需要您与我们共同努力，您可以试试这样做：

1. 来园的路上，提前对您的宝宝做一些积极的心理暗示，可以说："老师、阿姨告诉我，她们都很喜欢你。""小朋友们都很喜欢你，想和你做好朋友一起玩儿。""你在幼儿园学的本领真棒！"等等。

2. 为您的宝宝准备一件他喜欢的玩具等，使宝宝情绪有个良好的过渡。

3. 请您注意宝宝所带物品的安全性，不要带一些有尖角、带刺等不利于安全的物品来园，如钉子、别针、小棍、破损的塑料片等坚硬的物品，以免孩子不慎受到伤害。

4. 鼓励宝宝主动和老师、阿姨还有小朋友打招呼，如果宝宝积极性不高，您可以多运用语言、动作引导孩子主动打招呼，如"宝宝，看见老师怎么说呢？"或者您以示范的方式主动大方地与老师打招呼，这种言传身教的方式很有效哦！

5. 您的宝宝自我服务的能力正在飞速提高，请您鼓励宝宝自己放书包、插晨检牌和换鞋等，尽量不要为他们代劳，给他们多创设锻炼的机会。

6. 当您离开时，请您不要忘记用温柔的语言、关怀的动作，主动和宝宝告别，以此缓解宝宝的离别焦虑。

7. 如果您有个别需要，请您主动与老师沟通交流，或者利用小纸条等留言，我们会及时关注到您的需求。

盥　洗

盥洗通常指洗手或洗脸，是幼儿在幼儿园一日活动中的重要生活环节。教参中涉及盥洗的内容有洗手、擦脸与洗脸、早晚刷牙、饭后漱口。

一、盥洗环节意义简述

◎ 主动参与是首要

◎ 良好习惯是重要

◎ 方法正确是必要

◎ 何时盥洗是需要

二、需要考虑的问题提示

1. 不同年龄段幼儿在盥洗中可能发生哪些问题？

托、小班：袖子弄湿、地面弄湿、不会控制水量、方法不正确、洗手磨蹭、玩水等；中、大班：马虎应付、不主动、嬉戏打闹等。

2. 盥洗室里需要值日生吗？值日生可以做些什么？

可以依据本班实际选择是否开设盥洗值日活动。如果与幼儿讨论后需要在盥洗室安排值日活动，一般涉及技能与方法、规则与安全、服务与帮助等的指导与提示。

3. 盥洗的环境如何创设？

盥洗环境的创设需要根据班级孩子的实际问题，因园而异、因班而异。需要教师为幼儿创设温馨、舒适、便利、安全的盥洗环境，其中包括提示环境、安全环境、欣赏环境等，从而帮助孩子养成良好的盥洗习惯（见表1-10）。

表1-10 幼儿园各年龄段盥洗环境创设提示

内容示例	价值分析	操作建议
空间氛围	（1）营造氛围：轻松、舒适的气氛激起幼儿洗手的兴趣，让孩子自在、自主地洗手 （2）体验快乐：让幼儿在温馨舒适的环境中体验洗手的快乐	（1）盥洗室位置：盥洗室与教室相邻，便于幼儿盥洗，也便于教师和保育员的观察与指导 （2）洗手安排：来园、餐前、便后、运动后等，提醒幼儿自主洗手，宽松、有序
用品用具 肥皂 毛巾 水桶 婴幼儿护肤用品等	（1）满足需求：满足幼儿自主自理洗手的需求 （2）自我服务：在自己卷袖、洗手的过程中培养幼儿自我服务的能力	（1）毛巾放置：在水龙头的旁边放置擦手的毛巾，便于幼儿洗完手后直接拿毛巾擦手 （2）器皿用具：根据不同年龄段选择洗手液或肥皂等，便于幼儿使用 （3）水的温度：水的温度要适宜，不宜过高，适合孩子的皮肤 （4）抹香香的设置：教师或家长自主提供抹香香的婴幼儿护肤用品，让幼儿养成抹香香的习惯，以保护自己的皮肤
提示环境 规则方法	（1）习惯养成：知道在来园、餐前、便后、运动后、手脏时需要洗手，养成良好的文明卫生习惯 （2）正确方法：在洗手的一系列过程中，掌握正确的洗手方法	（1）提示内容：合理创设洗手步骤图提示幼儿掌握正确的洗手方法（以便于幼儿观察的方式张贴）；水龙头的热水和冷水的提示，让孩子学会水温的控制；用小水滴暗示要节约用水等 （2）提示方式：洗手的方法、步骤可以标志、图示、照片的形式出现，内容要图文结合，简单易懂，符合幼儿年龄，方法方式要关注所有孩子

4. 孩子盥洗时，该做些什么？（见表1-11）

表1-11 幼儿盥洗环节保教人员指导提示

流程	对象	内容	提示		
			人员	站位	分工
洗手前	教师	洗手要求、温馨提示	两位老师	一位教师主要站于盥洗室，一位教师于教室巡回	盥洗与教室幼儿活动观察
	幼儿	喜欢倾听、乐意洗手			
	保育员	毛巾整理、肥皂准备等（提供环境与用品）			
洗手中	教师	鼓励表扬、个别帮助、提示方法	保育员	以盥洗室为主	关注个别幼儿，引导正确的洗手方法，以及个别幼儿的帮助等
	幼儿	主动洗手、有序排队、方法正确、知道节水			
	保育员	关注个别、满足需要			

流程	对象	内容	提示
洗手后	教师	温柔提醒、帮助指导	
	幼儿	乐意参与、能够整理	
	保育员	个别帮助、地面干燥	

三、对家园共育的建议

给家长的一封信

亲爱的家长：

在宝宝来到幼儿园的这段日子中，在您与我们的共同努力下，您的宝宝在盥洗方面取得了很大的进步：在老师的提醒下能正确洗手，主动漱口、擦脸等，这是宝宝很重要的生活自理能力。那么，如何让孩子养成良好的盥洗习惯呢？需要您与我们共同努力，您可以试试这样做：

1. 保持家园一致：正确指导洗手、漱口、洗脸等方法，家园必须保持一致并坚持。

2. 坚持正面教育：我们始终以鼓励、支持、肯定、表扬为主，帮助孩子树立"我能行"的信心，并提供机会与条件让孩子自己做。

3. 遵循循序渐进：孩子在学习洗手、洗脸等方法时，我们要遵循循序渐进，并在必要时给予帮助或提醒。

4. 鼓励坚持不懈：让孩子明白一个道理——坚持就能胜利，培养良好的习惯必须坚持不懈。

如　厕

如厕是幼儿在幼儿园一日活动中的重要生活环节。教参中涉及如厕的内容：厕所环境、如厕方法、自己上厕所、个别照料。

一、如厕环节意义简述

◎ 轻松及时是首要

◎ 自理文明是必要

◎ 健康方便是重要

◎ 何时如厕是需要

二、需要考虑的问题提示

1. 不同年龄幼儿在如厕中可能发生什么问题？

托、小班：因不适应等原因憋尿、经常尿裤子、不会使用便纸、便后不会整理等；中、大班：便后不洗手、女孩便后没有养成使用便纸的习惯等。

2. 幼儿如厕时要注意什么？

（1）如厕的礼仪：有人在，要等待；如厕后，要冲水；整好衣，把手洗。

（2）排队的规则：低龄班级用小脚印提示，大龄班级可以用等待线提示。

3. 如厕的环境如何创设？

如厕的环境创设需要根据班级孩子的实际问题，因园而异、因班而异。需要教师为幼儿创设温馨、舒适、便利、安全的如厕环境，其中包括提示环境、安全环境、欣赏环境等，从而帮助孩子养成良好的如厕习惯（见表1–12）。

表1-12　幼儿园各年龄段如厕环境创设提示

内容示例	价值分析	操作建议
空间氛围	营造氛围：轻松、舒适的气氛让孩子自在、自主地如厕	如厕室位置：与教室相邻，便于幼儿如厕，也便于教师和保育员的观察与指导
用品用具 如可爱娃娃收纳袋（内装便纸），扶手及软布包（冬天使用）等	（1）满足需求：满足幼儿如厕后卫生的需求 （2）自我服务：在自己如厕、穿脱裤子、擦屁屁的过程中培养自我服务的能力 （3）营造氛围：当天气逐渐寒冷的时候，不锈钢的扶手显得冰冷，粉嫩、可爱的软布包给幼儿一种温馨、温暖的感觉	（1）便纸收纳袋：收纳袋袋口适合大一点，便于幼儿拿取。位置设置以幼儿拿取方便为宜 （2）扶手位置设置：幼儿扶手的位置最好设在幼儿的前方，幼儿两只手都能抓住，身体能保持平衡
提示环境 如使用便纸步骤图，包裤子步骤图，冲马桶提示，小脚印或等待线、站位线，男孩、女孩标志，等等	（1）习惯养成：知道人多时需排队等待，便后需要擦屁屁、冲马桶、披上衣，养成良好的文明卫生习惯 （2）正确方法：掌握正确的擦屁屁方法和包裤子方法	（1）提示内容：擦屁屁步骤图和披上衣步骤图让幼儿掌握正确的擦屁屁和披上衣方法，冲马桶的提示让孩子知道便后要冲水，小脚印或等待线让孩子知道人多时需排队等待 （2）提示方式：以标志、图示、照片的形式出现，内容图文结合，简单易懂，符合幼儿年龄，关注所有孩子
安全环境 如小心台阶、小心地滑、小心碰撞等	注意安全：能关注环境中的一些标志，注意安全	提示方式：小心台阶、小心地滑、小心碰撞等以明显的标志、图示、照片等形式出现，内容图文结合，简单易懂，符合幼儿年龄，并在较显眼的地方
欣赏环境 如马桶贴、音乐及绿色植物等	营造氛围：美丽、舒服的环境让孩子自在、自主地如厕	可爱的马桶贴、易于养殖与观赏的安全绿色植物、柔缓的轻音乐等

4. 孩子如厕时，该做些什么？（见表1-13）

表1-13　幼儿如厕环节保教人员指导提示

流程	对象	内容	提示（年龄段关注）		
如厕	教师	教会方法、物化规则、及时满足、个别帮助、鼓励独立	1.便器提供要根据不同年龄段孩子的特点 2.站位与分工		
			人员	站位	分工
	幼儿	提出需求、自主及时、如厕自理、便后洗手	两位老师	一位教师主要站于盥洗室，一位教师于教室巡回	如厕与教室幼儿活动观察
	保育员	按需帮助、关注安全	保育员	以盥洗室为主	关注个别幼儿，以及个别幼儿的帮助等

三、对家园共育的建议

给家长的一封信

亲爱的家长：

在宝宝来到幼儿园的这段日子中，在您与我们的共同努力下，您的宝宝在如厕方面取得了很大的进步：能自己如厕、主动如厕等，这是他生活自理能力中很重要的部分。那么，如何让孩子养成良好的如厕习惯呢？需要您与我们共同努力，您可以试试这样做：

1. 给孩子穿合适的衣裤：给幼儿穿着便于穿脱的裤子，入园初期最好不要穿背带裤、连体裤等，以免影响幼儿如厕。

2. 家园同心：家园必须保持一致并坚持让幼儿自己如厕。

3. 尊重幼儿：帮孩子换衣裤时，要征得孩子同意，并注意保护孩子的隐私。

4. 因性施教：关注孩子的性别差异，更要关注孩子的性格差异。如果是女孩子，要记得提醒孩子便后正确用纸，从前往后擦拭。

餐　点

餐点即点心与午餐，是幼儿在园一日活动中的重要生活环节。教参中涉及餐点的内容：创设好的餐饮环境、餐饮中的自理能力、丰富的餐饮活动等（餐饮时为幼儿提供自助的机会及一些必要的习惯养成）。

一、餐点环节意义简述

◎ 温馨有序是首要

◎ 卫生健康是必要

◎ 自主自理是重要

◎ 服务劳动是需要

二、需要考虑的问题提示

1. 关于餐点环节组织中需考虑哪些共性问题？

餐前：是否需要组织集体谈话？如果需要组织，该如何开展？

　　　餐具由谁摆放？如何摆放？

　　　洗手、如厕环节如何组织与指导？

餐中：餐桌上的礼仪有哪些？如何引导幼儿文明进餐？

　　　如何指导幼儿独立进餐？（如餐具使用、不同食物的食用方法等）

餐后：餐后整理由谁做？幼儿可以参与哪些整理工作？

　　　如何指导幼儿漱口、擦嘴等？

　　　餐后的安静活动可以安排哪些内容？

2. 不同年龄段幼儿在进餐中可能发生什么问题？

托、小班：不愿吃饭、进餐困难、偏食挑食、不会整理等；中、大班：不文明、技能欠缺、偏食挑食等。

3. 餐点环境如何创设？

餐点环境的创设没有整齐划一的标准，环境创设要根据每个幼儿园的实际情况，因园而异、因班而异。应遵循的原则是安全、便捷、愉悦、舒适。在注重物质环境创设的同时，更要注重良好心理环境的营造（见表1–14、表1–15）。

表1–14　点心

内容示例	价值分析	操作建议
空间位置	（1）营造氛围：宽松的气氛激起幼儿吃点心的兴趣，降低幼儿吃点心的焦虑，让孩子从容愉快地吃点心 （2）体验快乐：让幼儿在温馨舒适的环境中体验吃点心的快乐	（1）点心位置：依据活动室实际设置生活区域，幼儿自行在生活区喝牛奶、吃饼干 （2）点心安排：提倡自主点心，时间先后、牛奶多少等，可由幼儿根据需要自己决定，体现自主、宽松、有序
硬件材料 如桌布、牛奶杯、牛奶小壶、小碟子、小夹子、擦脸镜子、纸巾或毛巾、面霜、垃圾桶等	（1）满足需求：满足幼儿自主自理吃点心的需求 （2）自我服务：鼓励自己的事情自己做，如自己倒牛奶、选饼干等，培养幼儿自我服务的能力	（1）铺设桌布：有条件的可铺上桌布，体现温馨 （2）器皿用具：根据不同年龄段选择不同大小的牛奶杯、牛奶小壶、小夹子，便于幼儿使用 （3）牛奶温度：牛奶的温度适宜，冬季注意保温 （4）擦脸设置：提供擦脸的用品，让幼儿养成经常照镜子、检查自己仪表的好习惯。根据幼儿高矮设置镜子的高低，位置设置原则：不走回头路
标识提示 如规则、方法等提示标识	（1）自主意识：引导幼儿自主、按需吃点心 （2）习惯养成：养成良好的文明餐点习惯，正确使用餐具、器皿	（1）提示内容：用点心提示牌让幼儿知道吃几块饼干；给自己或小动物翻牌，提示与检查有没有吃点心（小、中班）。提示夹子怎么用、擦脸方法等 （2）提示方式：可以标志、图示的形式出现，内容要图文结合，简单、易懂，符合幼儿年龄，方法方式要关照所有孩子

表1-15　午餐

内容示例	价值分析	操作建议
空间位置	（1）营造氛围：宽松的气氛激起幼儿用餐的兴趣，降低幼儿用餐的焦虑，让孩子从容愉快地用餐 （2）体验快乐：让幼儿在温馨舒适的环境中体验用餐的快乐	（1）用餐位置：结合班级餐厅实际规划设置餐桌、位置、幼儿行走路径，保证通畅、舒适，体现自主、宽松、有序。如有条件，可让幼儿自主选择用餐座位、用餐伙伴等 （2）人文提示：关注良好心理环境的营造，播放轻柔的背景音乐
硬件材料如碗、脸盆、水果盘、毛巾、餐车等	（1）满足需求：满足幼儿自主自理用餐的需求 （2）卫生健康：保育员按要求对餐桌、餐具消毒；所有人员洗手；合理配置幼儿膳食，保证营养均衡健康	（1）器皿用具：根据不同年龄段选择不同餐具，餐具的摆放便于幼儿使用 （2）饭菜温度：饭菜冷热适宜，冬季注意保温 （3）擦脸设置：提供擦脸用品，让幼儿养成经常照镜子，检查自己仪表的好习惯。根据幼儿高矮设置镜子的高低，位置设置原则：不走回头路
标识提示如规则、方法等提示标识	（1）自主意识：引导并激发幼儿自主、按需用餐 （2）自我服务：在自己用餐的过程中培养幼儿自我服务的能力 （3）服务劳动：参与餐具摆放、餐后整理，乐意为同伴服务 （4）习惯养成：用餐时养成良好的文明卫生习惯，正确使用餐具、器皿	（1）提示内容：可以按需提示，关于文明进餐、科学饮食、餐具使用方法、擦脸漱口方法、节约粮食、行为规则等 （2）提示方式：以标志、图示的形式出现，内容要图文结合，简单易懂，符合幼儿年龄，方法方式要关照所有孩子 （3）口头要求：清晰、持久，要求统一

4. 孩子进餐时，该做些什么？（见表1-16、表1-17）

表1-16　托、小班

流程	对象	内容	提示
餐前：准备与引导	教师	餐前介绍、温馨提示	
	幼儿	喜欢倾听、洗手整理	
	保育员	消毒整理、桌椅摆放	

续　表

流程	对象	内容	提示

流程	对象	内容			
餐中：观察与鼓励	教师	鼓励表扬、关注适应、按需沟通、接受需求、满足需要	人员	站位	分工
	幼儿	愉悦情绪、自己进餐	教师	一位主要站于盥洗室门口，一位于餐厅巡回	盥洗与进餐观察
	保育员	按需添加、关照个别			
餐后：自理与整理	教师	温柔提醒、帮助指导	保育员	餐厅为主	关照个别幼儿，及时帮助幼儿添盛饭菜，做好随机整理
	幼儿	乐意参与、能够摆放			
	保育员	清洁整理			
餐后活动	教师	引导选择、一起活动			
	幼儿	乐意参与、安静有序			

表1-17　中、大班

流程	对象	内容	提示

流程	对象	内容			
餐前：准备与引导	教师	餐前介绍、师生互动			
	幼儿	积极参与、洗手整理			
	保育员	消毒整理、观察指导			
餐中：观察与鼓励	教师	按需沟通、鼓励自主	人员	站位	分工
	幼儿	愉悦情绪、科学进餐	教师	餐厅巡回	进餐观察
	保育员	按需引导、关照自主	保育员	餐厅为主	随机观察，指导幼儿自我服务
餐后：自理与整理	教师	观察指导、必要提醒			
	幼儿	主动自理、井然有序			
劳动与服务	教师	鼓励支持、观察指导			
	幼儿	主动参与、完成任务			
	保育员	清洁整理			

三、对家园共育的建议

给家长的一封信

亲爱的家长：

　　在宝宝来到幼儿园的这段日子中，在您与我们的共同努力下，您的宝宝在进餐方面取得了很大的进步：能自己吃饭，愿意尝试使用餐具，饭后能主动漱口、用毛巾擦手擦脸等，这是宝宝生活自理能力中很重要的部分。但是，宝贝们普遍存在着挑食现象，这将影响他们的健康成长。那么，如何让孩子养成良好的进餐习惯呢？需要您与我们共同努力，您可以试试这样做：

第一，父母要以身作则，为孩子树立榜样。父母是孩子的一面镜子，您的一言一行都被孩子注视着。父母在饮食上的不良习惯，孩子几乎也会有。如果大人都不挑食，相信孩子挑食的概率会大大降低。有了爸爸和妈妈做榜样，孩子们也会什么东西都愿意尝试哦。

第二，孩子的饮食建议多样化。丰富多样的食物，不仅能引起孩子进餐的兴趣，而且对于孩子的健康也很有好处。因此，我们建议同一天中可做不同的食物给孩子吃。同一种食物也要多种方法制作，偶尔变换一下做法，孩子感觉就完全不一样哦。

第三，给孩子自主权，不强迫。有时候家长辛苦做出来的美味佳肴，端到孩子面前时他却无动于衷。家长不想浪费，就会强迫孩子吃，甚至跟在孩子身后追喂。如果强迫孩子去吃，只会给他的心理增加负担，从而更加抗拒那种食物。

第四，家里尽量少准备零食。家长不可将零食当主餐，孩子正餐时不好好吃，饭后就开始吃零食。只要孩子提要求，家长马上满足。慢慢地，孩子就会养成爱吃零食的坏习惯。孩子如果经常吃零食，会使消化功能紊乱，影响食欲，慢慢地就会形成不良的饮食习惯。

第五，多赞美与夸奖孩子。吃饭时家长可多采用一些赞美的语言称赞孩子，孩子听到后心情愉悦，就会快乐尝试，轻松进餐。第一次可能舔一舔，第二次可能是一小口，然后逐渐增加，最后不需要我们引导就会自己主动吃。在这个过程中，孩子每一个小小的进步，家长们都应及时给予鼓励和称赞。

第六，运用绘本、故事等引导孩子。做个有心人，针对孩子进餐习惯中的问题，准备一些适合孩子的绘本或故事，他会愿意倾听，慢慢理解并接受。

饮　水

　　水是人类生命的源泉。在成人体内，60%的重量是水。儿童体内水的比重更大，可达80%，水对生命而言有着重要意义。饮水是身体获取水分最直接的途径，也是幼儿在园生活内容中重要和反复进行的环节，对幼儿身体健康有着重要意义。

一、喝水环节意义简述

◎ 科学健康是首要

◎ 有序文明是必要

◎ 主动意识是重要

◎ 喝多喝少是需要

二、需要考虑的问题提示

1. 孩子喝水环节应关注哪些问题？

　　（1）什么时候提醒饮水：餐前半小时、餐后半小时、户外活动后、午睡起床后。

　　（2）集中喝水时段组织策略：一日生活中，运动后、午睡后是两大集中喝水时段，此时，教师可以运用分批进入活动室、分批起床时穿衣快慢形成的时间差，解决喝水过于集中的问题。

　　2. 不同年龄段幼儿在喝水中可能发生什么问题？

　　托、小班：不喜欢喝白开水、倒水有困难、边喝边玩等；中、大班：不主动、过少、过量等。

　　3. 幼儿饮水环境如何创设？

　　喝水环境的创设没有统一、划一的标准，一切创设都要根据每个幼儿园的实际情况，因园而异、因班而异。创设的原则建立在安全、方便、舒适的基础上，注重良好心理环境的营造（见表1-18）。

表1-18　幼儿园各年龄段饮水环境创设提示

内容示例	价值分析	操作建议
硬件材料 如水桶、水桶架、水杯、杯架、水等	（1）满足需求：满足幼儿健康饮水需求 （2）自我服务：在幼儿自己倒水喝水的过程中初步培养其自我服务的能力	（1）水桶高度：依据各年龄段幼儿身高，便于幼儿站立弯腰接水。小、中、大班的水桶高度可不同 （2）杯架门：建议用窗帘式替代开门式，更安全方便 （2）水桶构造：建议水桶和杯架分开，避免幼儿来回走动发生冲撞 （3）水杯：根据不同幼儿年龄段选择不同大小、材质的水杯 （4）水温：不宜过热，低龄幼儿的水温可略低于大龄幼儿 建议：关照幼儿舒适、安全，结合班级空间、人数和幼儿年龄段决定水桶的高度、构造等设计。因园而异、因班而异
标识提示 规则、方法、记录	（1）安全饮水：保证幼儿健康饮水的卫生和安全 （2）充足饮水：保证每位幼儿在园有足量的饮用水 （3）饮水兴趣：引发幼儿对喝水的兴趣，逐步养成多喝白开水的好习惯 （4）积累经验：逐步学会自己倒水、喝水的方法和经验 （5）习惯养成：通过一段时间饮水方法及规则的反复提示与操作，逐步养成轻拿轻放、排队倒水等好习惯 （6）自主意识：引导并激发幼儿自主饮水、按需饮水的意识	（1）规则提示：排队线、小脚印、杯子的标识等 （2）方法提示：喝多少水、如何排队、如何取放杯子 （3）记录提示：有没有喝水、喝了多少水 （4）建议： 必须提示：规则提示 按需提示：方法提示、记录提示（根据班级孩子不同阶段的问题、需要进行创设，记录更适合大龄幼儿）
空间位置 哪里倒 哪里喝	（1）体验快乐：让幼儿在整洁舒适的环境中体验喝水的快乐 （2）营造氛围：营造舒适、愉快的饮水氛围，让孩子从容愉快地饮水 （3）引发兴趣：引发孩子喜爱饮水、多次饮水的兴趣	（1）水桶位置：根据空间环境可选择在教室中或教室外 （2）喝水位置：根据空间环境可提供一些小椅子 （3）提示：关注良好心理环境的营造，不催、不赶

4. 孩子喝水时，该做些什么？（见表1-19）

表1-19 幼儿饮水环节保教人员指导提示

流程	对象	内容	提示（年龄段关注）
取（放）	教师	提供环境、物化规则	环境、规则
	幼儿	认识标记、轻拿轻放	认识标记
倒水	教师	提示排队、鼓励独立、个别关照	鼓励独立
	幼儿	排队轮流、独立接水、水量适宜、端稳杯口	独立接水、水量适宜
喝水	教师	鼓励喝完、了解水量、把握时机	把握时机
	幼儿	安静喝水、尽量喝完	

三、对家园共育的建议

给家长的一封信

亲爱的家长：

在宝宝来到幼儿园的这段日子中，在您与我们的共同努力下，您的宝宝在生活各环节都有了很大的进步。相信您一定知道水对我们每个人的重要性，宝宝们在幼儿园的每一天都要喝一定量的水，这是他们日常的基本生理需要，也是健康成长的需要。为了让孩子在园能够更自主、科学、文明地喝水，我们需要与您共同努力，您可以试试这样做：

1. 在家中，为孩子准备一个他喜欢的小水杯，固定水杯的摆放位置，支持孩子有序拿取并在喝水后物归原处。

2. 引导孩子在喝水过程中不随意走动，不三心二意。

3. 让孩子了解水对身体的重要性，引导多喝白开水，避免过多地喝饮料，知道过多喝饮料的害处。

4. 有条件与兴趣的话，可以尝试与孩子一起完成一份记录，可利用双休日或节假日，有意识地开展"一日饮水量记录"活动，让孩子了解自己的饮水量。

午　睡

午睡是幼儿在幼儿园一日活动中的重要生活环节。教参中涉及午睡的内容：创设好的午睡环境，培养自我服务能力和良好习惯等。

一、午睡环节的意义简述

◎ 乐意舒适是首要

◎ 自我服务是必要

◎ 良好习惯是重要

◎ 满足个体是需要

二、需要考虑的问题提示

1. 午睡中各年龄段幼儿易发生什么问题？

托、小班：不适应午睡新环境、不喜欢午睡、入睡困难、穿脱衣服和鞋子困难、尿床、午睡时玩小东西等；中、大班：兴奋、难以安静、整理随意、入睡难、睡姿不正确等。

2. 幼儿午睡环境如何创设？（见表1-20、表1-21）

表1-20　物质环境创设

内容示例	价值分析	操作建议
适宜幼儿身高的小床	健康卫生：利于幼儿身心健康发展	合理安排小床摆放的方式： （1）两排并列的小床之间留有一定间隔，方便教师、幼儿行走 （2）在有空间条件的情况下，调整摆放方向，便于幼儿从侧面上床
衣架、收纳袋、幼儿拖鞋等		（1）鞋子分散放于小床附近，便于穿脱 （2）外套挂在衣架上或折叠在小床边的椅子上方便幼儿取放
垫背巾		为有需要的幼儿提供垫背巾，放在专用的篮子里，保持垫背巾的卫生

内容示例	价值分析	操作建议
提示图示（叠衣裤等）	有助于生活习惯、自理能力的养成	位置低、图片大，适合幼儿观察、模仿
镜子、小梳子、收纳盒（供幼儿放发夹等小物品）		（1）摆放位置方便幼儿自我服务、自我管理 （2）有条件的话建议人手一把梳子
光线与温度		（1）光线：幼儿午睡时可拉上窗帘，光线较暗些，幼儿容易入睡 （2）温度：室内温度一般在26℃左右，冬季与夏季可依据保健要求开启空调调节室温 （3）声音：午睡时保持安静

表1-21　心理环境创设

内容示例	价值分析	思考与建议
教师指导	轻柔的话语	（1）思考：教师如何以言行等给幼儿创设一种温馨、安详的心理环境 （2）建议：幼儿午睡前的提醒话语轻柔，并依据不同幼儿需要进行安抚，如抚摸眼睛、轻拍身体
	关爱的神情	
	安抚的动作	
物品辅助	用移动式小音箱播放音乐、故事	（1）思考：轻柔的音乐、安静的故事有助于幼儿入眠，但每一次入睡前都需要放音乐、讲故事吗 （2）建议：依据实际需要而定。根据幼儿发展不同需要选择运用故事、音乐，或是小声播放雨声、流水声等，有效帮助幼儿入睡
	发放贴纸等积极鼓励	（1）思考：教师何时发放贴纸鼓励适宜 （2）建议：在适宜的时机进行奖励，如幼儿入睡后，快到起床时间前，在枕边放一枚贴纸

三、对家园共育的建议

给家长的一封信

亲爱的家长：

午睡是幼儿一日生活中很重要的一个环节，午睡不仅能帮助消化、增强免疫力、促进记忆、帮助孩子长身体等，还能确保幼儿有充沛的精力参加下午的活动。为了让孩子在园里能够睡得安全、睡得健康、睡得舒适，我们需要与您共同努力，您可以试试这样做：

1. 有条件的家庭，可为孩子准备一张独立的小床、一套适宜的床上用品和一个小衣橱，给予幼儿独自睡眠的空间。

2. 和孩子商量每天睡觉和起床的固定时间，保证孩子每天有充足的睡眠。

3. 日常生活中，鼓励幼儿尝试自己独立穿脱衣裤、整理床铺等。低龄孩子可由家长辅助或者指导完成，大龄孩子则鼓励他们独立完成，以帮助孩子养成良好的独立自主能力。

4. 每天晚上睡觉前，为孩子讲一个睡前故事，或者和孩子说说心里话、听听轻柔的音乐等，这样既可帮助孩子入睡，又可和孩子建立起良好的亲子关系。

离　园

　　离园是幼儿园一日活动的最后一个环节。对于幼儿来说是一天愉快的幼儿园生活的结束，幸福家庭生活的开始；对于老师来说是一天辛劳工作的结束，身心放松的开始；对于家长来说是一天思念的结束，快乐亲子时光的开始。如此重要的一环，老师应利用短暂的离园时间，组织和引导幼儿进行全面整理、有序等待、愉快道别，为一天的幼儿园生活画上圆满的句号。

一、离园环节意义简述

◎ 轻松愉悦是首要

◎ 道别整理是必要

◎ 安全有序是重要

◎ 沟通交流是需要

二、需要考虑的问题提示

1. 孩子离园时，该做什么？（见表1-22、表1-23）

表1-22　托、小班

流程	对象	内容	提示
仪表整理	教师	提醒整理、方法提示、观察帮助	关照是否穿好外衣、提好裤子、检查鞋子，并检查有无尿湿裤子、弄湿袖子等情况，及时更换、及时反馈家长
	幼儿	学习仪表整理、尝试自己动手	
回忆鼓励	教师	亲切互动、回忆快乐、鼓励表扬、激发来园	运用各种方式鼓励表扬，并回想幼儿园一天快乐生活
	幼儿	乐意互动、感受快乐	
物品整理	教师	提示提醒、个别关照	将幼儿带来的物品放在固定处，便于幼儿取放
	幼儿	分辨自己的物品、拿取放好	

续 表

流程	对象	内容	提示
道别沟通	教师	礼貌道别、按需沟通、逐个交接、送交到位	彼此有礼貌道别（教师、家长、同伴等），约定第二天再见等
	幼儿	乐意道别、相约明天再见	
	家长	按需沟通、礼貌道别	
陆续离园	教师	引导活动、逐个交接、送交到位	幼儿园建立离园接送制度，确保安全、有序。教师接待家长时，要兼顾个别幼儿活动
	幼儿	自主活动、耐心等待	
	家长	按需沟通、礼貌道别	

表1-23 中、大班

流程	对象	内容	提示
仪表整理	教师	观察指导、个别帮助	提醒幼儿自主检查：是否穿好外衣、提好裤子、检查鞋子，并发现有无尿湿裤子、弄湿袖子等情况。教师及时更换并反馈家长
	幼儿	自主仪表整理、相互提醒帮助	
回忆鼓励	教师	引发回忆、鼓励进步	鼓励幼儿用多种方式记录和表达一天快乐的生活
	幼儿	记录表达、关注同伴、欣赏赞美	
物品整理	教师	观察提醒、个别提示	指导幼儿有序管理自己的物品，做事认真仔细
	幼儿	有序取放、仔细认真	
道别沟通	教师	礼貌道别、按需沟通、安全提示、交接到位	彼此有礼貌相互（教师、家长、同伴等）再见，支持幼儿间友好的约定
	幼儿	主动道别、友好约定	
	家长	按需沟通、礼貌道别	
陆续离园	教师	引导活动、逐个交接、送交到位	幼儿园建立离园接送制度，确保安全、有序。教师接待家长时，要兼顾个别幼儿活动
	幼儿	班级整理、参与活动、耐心等待	
	家长	按需交流、礼貌道别	

2. 离园环节的组织易出现哪些问题？

（1）高控：离园环节组织要求过多，给幼儿组织选择机会少，导致幼儿缺少应有的放松和自由。

（2）放任：离园活动缺少必要的组织和管理，教师放任幼儿活动，容易出现冲突、走丢等问题。

（3）混乱：离园过程中家长、幼儿聚集，教师忙于与个别家长交流。

（4）疏忽：与来接幼儿的家长未能对接，造成各种疏忽，如孩子走失、忘带物品等。

3. 离园前可以开展哪些活动？

离园前的活动组织没有固定模式，也不是整齐划一的，而是根据老师和幼儿的需要选择内容和形式，但一定要以幼儿安全、自由、自主为原则。活动举例如下。

（1）自由活动：玩玩具——自己玩，和同伴交换玩，和同伴一起玩。活动一定要给幼儿自主自由的氛围，空间也可以是开放式的、半开放式的。

（2）谈话活动：离园前的谈话，可以说说今天幼儿园的生活（快乐的事情或需要的帮助），说说回家路上的交通安全和饮食卫生，说说离园时的整理等。话题可以根据幼儿当天的兴趣点和活动情况或教师的预设开展谈话。

（3）介绍任务：老师给幼儿介绍今天的小任务，如调查表、家庭问卷、亲子制作、活动通知等，让幼儿回家后的任务更明确。

（4）约定：幼儿之间的约定，如明天要带的玩具、和谁一起午饭等。师幼之间的约定，如明天几点来园、明天谁帮忙整理物品等。

4. 孩子离园整理时容易丢三落四怎么办？

对于离园时容易丢三落四的现象，老师可以采取集体讨论、环境提示、个别引导、同伴提醒等方式，来引导幼儿整理和保管好自己的物品。

5. 离园环境如何创设？

离园环境创设与材料支持，包括创设安全环境、提示环境、家园环境等，以及必要的材料提供，还包括安全的心理环境和氛围的营造。当然，这些环境的创设并不是整齐划一的，而是因园而设、因班而设，但都要以幼儿的安全、轻松、有序为前提（见表1-24）。

表1-24　幼儿园各年龄段离园环境创设提示

内容示例	价值分析	操作建议
安全环境：门警系统	（1）及早提醒：了解家长来接的情况，提醒相关幼儿做好回家的准备 （2）安全保障：教师注意观察家长是否持门警卡而来，为防止幼儿被误领提供安全保障 （3）情绪体验：幼儿看到门警系统上属于自己的灯熄灭，会产生愉悦感，知道自己的家人已来到	教师应更好地挖掘它潜在的安全功能，切实使用好门警系统
安全环境：安全线、小栅栏等	有序出门：家长和孩子共同养成有序、文明的习惯	借助一些亲子活动的机会，向家长和孩子介绍安全线和小栅栏设立的原因，获得大家的理解，着实让其起到分流的作用
硬环境：衣橱等	（1）归类摆放：便于衣物、鞋子、小书包等归类摆放 （2）自行整理：能自己归放物品，在有序的空间里养成良好的整理习惯	（1）合理购置橱柜，安放在靠近教室门口处 （2）以照片或图片的方式设计物品整理标识，让幼儿知道摆放方式、内容等。标识贴在便于幼儿观察的地方 （3）教师适当观察和引导幼儿归类摆放整齐
提示环境："离园几件事"等	（1）养成有序活动的习惯：养成离园前有序整理的好习惯，知道离园前做些什么事，巩固在"离园几件事"中的薄弱环节 （2）文明活动：自主活动安静而文明，与同伴一起友好地活动 （3）礼貌行为：与同伴、老师（包括生活老师）道别，产生关爱的行为 （4）劳动服务：随着幼儿能力的提升，从做自己的事拓展到做集体的事，增强集体归属感与责任意识等	（1）根据年龄特点、阶段重点逐步推进 （2）与幼儿一起商定离园规则等，并且用照片、图片等方式呈现 （3）小班重礼貌和整理，从辅助整理逐步向独立整理转变 （4）中班重有序整理和活动，尤其是穿着渐多时，更要引导幼儿有序整理 （5）大班重文明活动和服务，在整理的基础上，文明地与同伴活动，离园前把班级物品整理好，如摆桌椅、整理班级物品等

续　表

内容示例	价值分析	操作建议
家园环境： 互动字条	建立个性沟通：促进家园的及时沟通、按需沟通、隐秘沟通	将沟通的内容进行分解，共性内容（如活动通知等）可通过家园之窗、班级网站等进行。个性内容根据不同情况选择不同的方式。如提示性的内容用字条式，问题分析性的内容用当面交流的方式，在互动中解决
空间环境： 开放空间	情绪愉悦：幼儿在开放的空间中进行自由活动，等待家长的到来，能产生愉悦的情绪，从而避免幼儿间告状、争吵等行为的产生	（1）为幼儿提供一个半开放的等待环境，教室的桌椅、垫子等物品供幼儿使用，但是不便于收放的材料暂不提供 （2）空间安排不要离教室门口过近 （3）容易兴奋的、有特殊需要的孩子尽量坐在离老师近的地方等待，以确保幼儿安全
材料提供： 自选玩具	（1）稳定情绪：对于没带玩具的孩子及回家晚的孩子来说，自选玩具可以稳定幼儿情绪 （2）安静活动：自选玩具的提供在一定程度上可以避免幼儿争抢玩具、走动行为的产生	（1）教师投放的自选玩具以安静游戏材料为主，而且材料便于收放（如花绳、益智书等） （2）自选玩具放在有足够空间的地方，而且材料分散放，以免孩子在取材料时发生碰撞
心理环境： 音乐	（1）营造氛围：营造轻松、愉快的离园氛围 （2）舒缓情绪：稳定幼儿情绪	可以选择活泼轻快的音乐，稳定幼儿离园时的情绪。音量调低，以免影响与家长的交流互动

三、对家园共育的建议

给家长的一封信

亲爱的家长：

　　您好！经过一天愉快的幼儿园生活，宝宝就要回到您的身边，相信您也对此刻充满了期待！在宝宝即将结束愉快的幼儿园生活之前，在您来接宝宝之时，在宝宝与您回家的过程中，这些看起来非常短暂的时光其实也存在着非常有意义的教育价值，如自我整理的能力、自我服务的意识、礼貌交往的品质等都可以在这短暂的时光中进行培养。为了孩子更好地成长，我们需要与您共同努力，您可以试试这样做：

1. 在日常生活中，请尝试让孩子自己穿脱衣物，您以鼓励、帮助为主，尽量不要包办代替，给孩子提供一个自我服务的机会。

2. 在家中，为孩子提供固定的整理和摆放玩具、物品的空间，鼓励孩子自己整理。

3. 当您接到孩子时，请提醒孩子和老师、同伴道别，引导使用礼貌用语。

4. 在回家的路上或在家中可以和孩子聊一聊幼儿园的生活，让孩子知道您关注他的幼儿园生活，您也可以通过和孩子交流了解他在园的一日活动情况，等等。

实施：幼儿在园生活实践案例

　　项目研究中，教师们进行了大量的现场观察与活动实践，积累了较为丰富且生动的研究案例。以下选择部分案例分享，仅以此为幼儿园一线教师生活课程的实施提供思考与借鉴。

让我对你说声"再见"

——由小班幼儿来园活动观察中引发的思考

【观察时间】

2013年3月5日

【观察地点】

××幼儿园某小班

【观察记录者】

上海市松江区教育学院钱双

【观察背景】

　　为了解小班幼儿来园活动中的真实现状与实际需求，特在幼儿园来园时段对某小班幼儿来园情况进行了持续观察。

【观察记录】

　　片段一：一个穿格子衣服的男孩走来了，未走到班级门口就打招呼："老师好！"老师这时在教室内，阿姨看见了，就回应："××好！"

片段二：男孩走到教室门口插牌，奶奶就离开了。

片段三：男孩插完牌，不见奶奶，便叉起腰。阿姨见了，问："有什么事吗？"男孩不回答，并开始不断敲头。

片段四：男孩走到走廊，做张望状，没有看见奶奶，便围着走廊的柱子转了一圈又一圈，阿姨见状，继续问："你有什么事情吗？"男孩不回答，转了几圈后，他才回到教室。

片段五：到了教室，老师发现他表情木讷、无所事事，就引导其玩游戏，他玩了一会儿后，走到门口再次张望了一下。随后看见门口的建构游戏，就穿上鞋套开始玩了，此时表情有所舒展。

【分析与思考】

（一）孩子可能的感受

可能的感受一：遗憾。从幼儿木讷的表情及一次次的张望等，看出了孩子因未与奶奶做一个"告别仪式"而表现出深深的遗憾。

可能的感受二：焦虑。从孩子不断敲头的动作，反映出孩子未与亲人告别，以及匆匆与亲人分开而产生了焦虑。

可能的感受三：不悦。从孩子双手叉腰的动作，反映出孩子对奶奶匆匆离去的不悦。

（二）思考与建议

1. 思考

思考一：来园活动在整个一日生活环节中的价值与意义是什么？

一日之计在于晨。好心情是一天快乐幼儿园活动的源泉。所以在来园活动中，给予幼儿关怀、肯定、鼓励，让孩子有一个良好的情绪参与到接下来的活动中，显得尤为重要。

思考二：来园活动中幼儿的需求是什么？

小小一个来园活动，承载了对幼儿发展的多种价值，如情绪、交往、自理、健康、安全等。而对于幼儿来讲，特别是小班，与家长告别是十分重要的。因为来园既是在园生活的开始，也是家庭活动的告一段落。所以对幼儿而言，每日与亲人的告别是一种具有象征意义的仪式。尤其是小班的幼儿，尚处于分离焦虑期，情绪方面的需求是最渴望的。所以教师在来园活动中应该重视告别的环节，满足幼儿的需求。

2. 建议

建议一：对孩子做到"三个一"

一声问候：主动、亲切地和每一位幼儿打招呼。时间允许的条件下，与幼儿聊天，了解其情绪等，特别要对情绪不好的孩子给予必要的安慰。

一个接触：或拥抱、或抚摸，让孩子感到自己是受欢迎的，是被关注的、被爱的、被尊重的。

一个提醒：提醒孩子与老师、阿姨、同伴问好，与家长告别，满足其对家长道别的需求。

建议二：对家长做到"三个有"

有招呼：用恰当的称谓与家长打招呼。

有提示：提醒家长与幼儿告别。

有沟通：简短沟通幼儿的健康情况及需要老师特别关心的事项（特殊情况可用笔记下来）。

"奶奶不要走"引发的思考

——小班幼儿来园活动观察案例

【观察时间】

2013年3月5日

【观察地点】

××幼儿园某小班

【观察记录者】

上海市松江区荣乐幼儿园李美

【观察背景】

为了解小班幼儿来园活动中的真实现状与实际需求，特在幼儿园来园时段对该园小班幼儿来园情况进行了个别的持续观察。

【观察记录】

女孩依依（化名）今天由奶奶陪伴着来园了，老师微笑着站在门口引导其插好晨检牌，并示意跟奶奶告别，此时依依拽着奶奶的手说："奶奶，不要走，不要走。"老师蹲下身子轻声问："依依今天怎么了？有什么不舒服吗？"依依泪汪汪地看着奶奶不作回答。奶奶告诉老师依依今天感冒有点不舒服，保健老师在晨检时已量过体温都正常，可以来园，但依依现在不愿来园。老师了解情况后，马上蹲下身子微笑着说："老师知道了，我们依依今天感冒有点不舒服，对吧？"女孩依依泪汪汪地看着老师点点头。老师继续蹲着身子，摸摸依依的头，接着说："感冒了是会有点不舒服的，不过没关系，老师有个小妙招，今天我们记得多喝水，运动时跟着老师一起玩，我来保护你好吗？"依依听了点点头，又抬头看了看奶奶，老师对奶奶说："您看我们依依多乖呀，奶奶放心吧！"奶奶笑着说："谢谢老师，我肯定放心哦！"于是，老师伸出手指又对女孩说："依依，我们来个小约定，你若再有什么不舒服马

49

上告诉我，老师帮你打电话给奶奶，好吗？"听到这些，依依才释然地向奶奶告别，奶奶也安心地回家了。

【分析与思考】

（一）孩子可能的感受

焦虑和依恋：一开始孩子因为身体不适而有些焦虑，并对家人有依恋。担心在园表现，孩子情绪较为紧张和低落。

满足和信任：老师了解情况后及时给予抚爱和宽慰，孩子感受到了老师对自己的特别关注，表现为心情的放松及得到关爱后的情感满足，从而对老师产生了信任，把对奶奶的依恋转移到了老师处。

（二）思考与建议

1. 来园接待是走近孩子的第一步

教师如何在幼儿来园活动时，了解不同孩子的身体状况、情绪状态等，并注意把一切对幼儿健康和活动不利的因素消除，给幼儿和家长一个安心美好的早晨，是保证幼儿一日活动顺利进行的前提。从这个案例中我们得出：每天幼儿来园环节是了解不同孩子身体情况、情绪状态的第一步，也是教师走近孩子的第一步，体现了教师站位的重要性、回应的及时性以及与家长沟通的必要性。

站位的重要性：这位教师能微笑地站在门口迎接孩子和家长，能第一时间了解孩子来园时的基本情况，便于根据情况进行及时的回应和处理，其门口站位是正确的、需要的。

回应的及时性：当观察发现孩子不愿与家人告别时，该教师能马上蹲下身子询问情况；当了解了孩子身体不适的原因时，教师又能站在孩子的角度引导其多喝水，提示运动时跟着老师便于掌握其运动量等，给予了孩子及时的回应和真诚的关爱，拉近了师幼的距离。

沟通的必要性：通过与家长的沟通，老师了解了孩子情绪不稳定的基本原因，这位老师还巧妙地通过与孩子的对话，让家长间接地了解了老师对自己孩子的"几个可行有效的关心措施"，从而消除了家长的顾虑。

2. 重视做好每日的来园接待和观察

为了让孩子每天在园健康、安全、舒适地学习与生活，我们要重视做好每日的来园接待。

关注幼儿晨检情况。作为教师，每天要关注了解幼儿的晨检插牌情况，哪些孩子身体有不适，哪些需要多喝水，哪些需要多运动，等等。中、大班还可利用班级晨检记录表，引导幼儿看看讲讲，使幼儿了解自己并关心同伴的健康情况。

创设环境给予支持。针对幼儿来园时发现的情绪、健康、安全着装等问题，建议注重创设物化的环境对其予以支持与引导。如创设"心情小屋"等环境给予孩子调整情绪的空间；创设"大家来关心"版面，提示今天哪些孩子需要特别照顾，引导同伴间要相互关心；创设更换着装与鞋子的橱柜，保证孩子能在幼儿园安全舒适地活动等。

落实个别全日观察。除了做好来园接待之外，在一日活动中还要对个别幼儿实施"一摸二看三问四记"的全日观察，摸摸幼儿的额头有无发烧，看看幼儿的神情有无异常，问问搭班老师上午的用餐情况，及时做好对个别幼儿的全日观察记录与交接班记录，以备离园时向家长做全日观察反馈。

不让妈妈送的涵涵

【观察时间】

2013年3月7日

【观察地点】

××幼儿园某中班

【观察记录者】

上海市松江区岳阳幼儿园张准

【观察背景】

作为班主任，在来园活动时有意观察幼儿的真实情况，捕捉过程中的真实案例，通过对幼儿实际需求的分析，引发优化此环节组织实施的思考。

【观察记录】

早晨涵涵（化名）拉着妈妈的手准备进来，还没走上楼梯的他发现老师正站在教室门口，于是一直推妈妈，并催促："妈妈快走！"妈妈似乎有话要对老师说，他却立刻哭闹起来并继续大声要求妈妈离开。老师走过去想问问情况，涵涵的情绪更加激动，于是妈妈只得匆匆离开。老师询问："宝贝，为什么今天不让妈妈送进来呀？"涵涵抬起头对老师说："你不是说我们中班的哥哥姐姐要自己进教室吗？""你说的对哦！但是妈妈刚刚好像有话要跟张老师说，你没有给她机会说哦，也没有好好跟她告别。中班的小朋友这样做……嗯，你觉得好吗？"他看看老师，一直没有讲话。过了一会儿，他和后面来园的小伙伴一起游戏去了。

【分析与思考】

（一）孩子可能的感受

平时的涵涵是乖巧、有礼貌的，有主动与妈妈亲密告别的习惯，而今天的表现，让笔者觉得他可能在想：

（1）不让妈妈和老师见面。涵涵有可能在家犯了什么小错误，妈妈想来告诉老师，请求老师的帮助，但涵涵压根儿不希望老师知道。

（2）不能让老师"告状"。仔细回想，昨天涵涵在幼儿园用午餐的时候，偷偷倒掉了整整一碗饭。当时阿姨说："涵涵，又偷偷倒饭了，一定要告诉妈妈，以后在家别给你买零食了。"涵涵很有可能不想让妈妈知道这件事。

（3）不让老师看出自己的想法。当老师询问为什么时，涵涵立刻搬出老师的话"中班的哥哥姐姐要自己进教室"。显然，他不想老师继续询问。

（二）思考与建议

1. 思考

从教师的角度思考，进一步感受到家园共育的重要性，除了家长会、家委会、亲子活动等，没有什么比日常的来园更便捷有效了。从家长的角度思考，来园时家长比较分散，与老师个别当面沟通可以了解和反映宝宝很多情况及问题，没有什么比这个时候更合适了。从孩子的角度思考，没有一个孩子不喜欢在来园的时候与父母亲密撒娇告别，也没有一个孩子不喜欢在来园的时候听到老师与父母给予他正面积极的鼓励和肯定。

但是，很多时候忽略了环境、方式及隐私。我们会忘记和孩子站在一起，我们讲求时效，喜欢直来直往、实话实说，听到的人不仅仅是彼此，可能还有别的家长和别的孩子。如果我们在坦诚沟通中满足了彼此的需求，而让本该有意义的交流不经意间变成给予孩子心中的压力，那该多么的糟糕！

2. 建议

心情快乐是首要。早晨是一天的开始，如果孩子在起床的时候，在来园的路上，就开始焦虑不安，那么今天对他来说就不是晴天。哪怕我们什么都不做，看到家长与宝贝的第一件事都该是微笑。说的第一句话都该是：今天宝贝开心吗？

环境创设是必要。我们班级本就有家园互动平台，其中有一栏"家长对老师说""家长对阿姨说"，为什么我们要在这里以文字做交流？其实创设的意图不仅只是留言，也是考虑过有些属于我们的悄悄话应该悄悄说。所以，日常还是应该好好地用起来。

让孩子表达更重要。我们给孩子的话语权，不该只是集体活动时的发言、游戏活动时的分享交流。在来园的路上，爸爸妈妈可以鼓励孩子说说自己今天开心的事和想做的事。老师也可以主动跟孩子说说昨晚自己看到了什么有趣的事，今天有什么想要做的事情。其实，只有我们愿意听，宝贝们都愿意说。

爱说爱笑的孩子真的太阳光了！而美好的晨间，我们需要这种"阳光"。

喝水的提醒

——由小班幼儿来园活动观察中引发的思考

【观察时间】

2013年3月5日

【观察地点】

××幼儿园某小班

【观察记录者】

上海市松江区泗泾镇中心幼儿园徐文

【观察背景】

幼儿来园环节中的告别是很重要的，它预示着孩子这一天家庭生活的结束、在园生活的开始，这个环节中教师的肯定、鼓励能让孩子有一个愉悦的心情，也能让家长放心地将孩子交到老师的手上。为了解小班幼儿来园活动中的真实现状与实际需求，笔者特在幼儿园来园时段对某小班幼儿来园情况进行了持续观察。

【观察记录】

女孩和爷爷手牵手，数着"1、2、3、4……"欢快地跑上楼梯，来到教室门口，女孩背着小书包，看到老师后没有打招呼，也没有听老师的话马上把书包放下，而是跟老师说："我今天有点不舒服，妈妈让我多喝水。"老师询问"那你现在要不要去喝一点"后，女孩放下书包，走到茶水柜旁拿起杯子喝水。爷爷在一旁微笑着看女孩喝水，试图找机会和老师或者阿姨沟通一下。当看到阿姨注意到他时马上说："她早上吃了面包，嘴巴有点干。"说完后，爷爷看着孩子很长时间，想找机会再和老师沟通一下喝水的事情，老师和阿姨没有再注意他，最后爷爷离开了教室。

【分析与思考】

1. 孩子可能的感受

从女孩上楼后见到老师没有打招呼、没有马上放下书包却马上告诉老师"今天需要多喝水"的行为表现看来，女孩觉得今天多喝水是件非常重要的事情；老师在让她去喝点水后没有再关注她，女孩可能有的感受：老师好像没那么喜欢我，好像更在意别的孩子。

2. 家长可能的感受

爷爷没有把今天要多喝水的事情交代给老师，老师也没有肯定地表示今天会让孩子多喝水，爷爷有些不放心；老师在和女孩说完一句话后就一直背对着她，可能会觉得老师不够喜欢自己的孙女。

3. 笔者的回应策略

对孩子：女孩能够主动要求多喝水，是值得老师鼓励和肯定的，而且可以找个时间在全班幼儿面前加以表扬，鼓励其他幼儿向她学习，能将自己的需求主动告诉老师。

对家长：这是一位很爱孩子、很有热情的爷爷，他的这种热情和对孩子的爱，肯定也很希望在老师的身上看到。对于这样的家长，老师应采取的策略是：多微笑，说"放心"。

4. 思考与建议

（1）在来园活动刚开始的10～15分钟，即孩子来得较少、接待不频繁的时候，可以安排一些小的集体活动，比如劳动、歌唱、韵律活动等，活跃晨间氛围，也便于教师观察指导；也可以安排个别的谈话活动，与幼儿单独交流感情，可以解决一些问题。

（2）来园的"你早"与"再见"等礼貌用语，不只存在于老师和孩子、老师和家长、孩子和家长之间，应当还包括孩子和孩子、孩子和其他家长之间，这是礼貌教育很好的契机。

爸爸妈妈去哪儿了

——由中班幼儿离园活动观察中引发的思考

【观察时间】

2013年11月26日

【观察地点】

××幼儿园某中班

【观察记录者】

上海市松江区教育学院钱双

【观察背景】

为了解中班幼儿离园活动中的真实现状与实际需求，笔者特在幼儿园离园时段对某中班幼儿离园情况进行了持续观察。

【记录与分析】

片段一：频繁更换玩具。离园游戏开始了，幼儿陆续将椅子搬到老师指定的空间——教室门口的餐厅。女孩萌萌（化名）在离园前15分钟左右的游戏中一共到仅有的、一个小小的玩具柜里更换了5次玩具。第一次是塑胶恐龙，她独自玩了一会儿就换了一只毛绒小兔。同伴手里也是一只毛绒兔子，于是她们两个开始做起了游戏。几分钟后，同伴去换了玩具，萌萌只得无奈地第三次到玩具柜里找玩具。这次找到了一个奥特曼玩偶，只摆弄了一会儿，她又到玩具柜找玩具，但是仅有的几个玩具都玩过了，她看见旁边有书，就找了一本书开始一页一页地翻，一会儿就翻完了。她又去找玩具，但是所有的玩具都玩过了，她只得拿了原先的恐龙玩具。

分析：孩子可能的感受是无趣。可能会想：我想和自己的好朋友一起玩喜欢的玩具。

片段二：无所事事。这时，老师看了看手表说："爸爸妈妈要来了，请把玩具送回家！"萌萌很听话地把手里的图画书送回了玩具柜，但这时爸爸妈妈还没来，于是她开始在椅子上左顾右盼，有些无所事事。

分析：孩子可能的感受是无聊。可能会想：真没劲！

片段三：不断向门口张望。随着时间的推移，大部分孩子都被家人领走。在老师与孩子一声声的相互告别声中，坐在门口的萌萌眼看着同伴一个个被领走，开始有点坐不住了，并不断向门口张望。

分析：孩子可能的感受是焦急。可能会想：妈妈怎么还不来？

【思考与建议】

1. 思考

（1）对离园前游戏组织的思考。既然是离园前的游戏，那就应该是幼儿自选玩具、玩伴与游戏的空间。但是，今天的活动是老师指定的空间、指定的位置及指定的一个玩具柜里的若干玩具。从孩子频繁更换玩具的动作反映出老师提供的这些玩具不能引发孩子的兴趣，从孩子找不到玩伴的无奈表情看出老师固定座位、固定玩伴及玩具种类数量单一的弊端。

（2）对教师提示语的思考。从孩子在老师一声令下后无所事事的行为，发现老师做出请幼儿"把玩具送回家"的提示过早，导致幼儿没有玩具玩，只能干等父母。

（3）对离园活动空间安排的思考。从幼儿不断向门口张望的动作，可见整个离园活动的空间置于门口不妥，导致许多未被家长领走的孩子产生焦虑。

2. 建议

（1）将离园前的游戏自主权还给孩子。在离园的游戏环节，老师仍应将自主权还给孩子，允许幼儿找自己喜欢的地方、找自己的好朋友玩自己喜欢的玩具。老师不必过早地提醒幼儿收玩具，而是可以在该幼儿家长来接幼儿的时候再轻轻提醒孩子收好玩具。让孩子在轻松的状态下游戏，在不知不觉的状态下获得被家人接回家的愉悦感。

（2）将离园活动的空间进行调整拓展。老师应从孩子的角度出发，设置离园游戏的空间。建议避免将离园前的活动空间设置在门口，防止早接走的孩子对尚未接走的孩子造成情绪上的影响，可开放班级中的区角活动环境，让孩子在自由的空间中进行游戏。

幼儿园，再见

——关注离园活动中的家长需求

【观察时间】

2013年11月26日

【观察地点】

××幼儿园某中班

【观察记录者】

上海市松江区九亭中心幼儿园徐佳

【观察背景】

为了解中班幼儿家长离园活动中的真实状况与实际需求，笔者特在幼儿园离园时段对某中班幼儿离园环节中家长的行为进行了持续观察。

【观察记录】

片段一：在离园观察的15分钟内，有4位家长在下楼梯前询问："扣子扣了吗？衣服穿好了吗？"有6位家长蹲下身子检查幼儿的衣物鞋子是否穿好。

片段二：多数家长在接到幼儿时提醒幼儿与老师道别："跟老师说再见了吗？""跟老师说什么？"在小朋友主动和老师道别时，家长会称赞回应："对的，老师再见！"

片段三：在与老师道别后，有家长询问幼儿："今天学了什么？有什么样的作品？你的作品呢？"

【分析与思考】

（一）家长可能的感受

家长可能的感受是担心：对幼儿有没有穿好衣裤，是不是整齐不放心，担心孩子着凉或影响美观。关注：希望孩子能有礼貌地跟老师道别。如果幼儿没有主动道别，家长要提醒。关心：从家长询问幼儿作品及学习内容可以看出家长关心幼儿在园学习情况。

（二）思考

1. 离园活动在一日生活环节中的价值与意义

离园活动是幼儿园一日生活的最后环节，也是家长、幼儿、教师三方交流的一个窗口。组织好离园活动能给幼儿的一日生活画上圆满的句号，让幼儿带着满足与快乐回家。

2. 离园活动中幼儿与家长的需求是什么

对于幼儿来讲，与老师、同伴告别，既是在园生活告一段落，也是家庭活动的开始。良好的情绪、适当的期待对于开启第二天的在园生活十分重要。离园又是教师与家长沟通的良好契机，教师要充分利用这段时间开展有必要也有需要的家园联系。

（三）建议

1. 环节保证

日常活动中保证生活整理环节，给予幼儿充足的时间和空间进行整理。整理环节日常化、习惯化。

2. 环境创设

在班级门口的墙面设计作品墙或作品展示区，可划分完成区及未完成区。创设家长了解幼儿学习情况的平台，将幼儿园教育内容延伸到家庭。

3. 个别指导

关注生活整理需求，对个别需要帮助或家长特别关照的幼儿，教师可以进行离园前的重点提醒或检查。关注礼貌行为培养，家园共育中用榜样示范、话语提醒等方式进行礼貌用语的指导与强化。

4. 回应机智

教师应因地制宜，根据交流内容把握交流时间。在家长询问幼儿学习及作品情况时，教师回应应以鼓励和表扬为主，也可以鼓励大龄段的幼儿自己介绍展示。

盥洗活动观察案例

——由观察小班幼儿洗手活动引发的思考

【观察时间】

2013年12月13日

【观察地点】

××幼儿园某小班

【观察记录者】

上海市松江区泗泾第二幼儿园沈莉薇

【观察背景】

小班幼儿开学已有3个多月了，为了解小班幼儿在进入盥洗室后的洗手情况，笔者特在点心前的生活环节，对某小班的一名幼儿的洗手情况进行了跟踪式观察。

【观察记录】

一名身穿滑雪背心的胖嘟嘟的妹妹，很仔细地、不紧不慢地、一点一点地往上拉袖子，中间还有卷的动作。打开水龙头后，妹妹边淋湿手，边口中念念有词："冲一冲，拿、拿……"儿歌没有念完，已经完成了淋湿手、拿肥皂的动作。妹妹拿着肥皂一边抹一边向门口张望，嘴巴里说着"进都进不来了"。老师回应道："对呀，今天客人老师多。"妹妹继续口中念念有词："手心搓、手背搓……"边说边搓着手心手背，反复着动作。保育员阿姨见此情景，在后面说道："手指缝搓搓。"于是妹妹边跟着阿姨说"手指缝搓搓"，边做着搓指缝的动作。搓完小手打开水龙头进行冲洗，冲洗中仍有搓手的动作，手上没有肥皂沫了将水龙头关掉。妹妹拿起毛巾，一边擦手一边走到放置毛巾的架子边，忽然退后了一步，往脚下看了看，原来是地上有脚印。妹妹认真地踩到脚印上，再放下手中的毛巾，并认真地把毛巾铺好。

【分析与思考】

（一）孩子可能的感受

可能的感受一："我能做"的成就感。从洗手前，在没有老师、同伴的提醒下，小女孩能自觉地拉袖子、卷袖子的动作中看出，经历了3个月的幼儿园集体生活，对于"洗手前要卷袖"的行为习惯已经基本养成。有拉、卷的动作，是受幼儿衣着的情况决定的，在9月、10月天气比较暖和时衣着少而便捷，将袖子拉起来比较方便，但衣服多了，往上拉起袖子就比较困难。片段一中出现的又拉又卷的动作，折射出小班幼儿从大动作"拉"向小肌肉动作"卷"的动作发展过程。

可能的感受二：今天和平时不一样。由于有观摩教师，原本还沉浸在洗手儿歌与动作中的女孩，忽然将注意力转向了周边观摩的老师，也体现了孩子年龄越小越容易受外界无关因素的干扰。但从孩子的表述中我们还能分析到，此幼儿性格较为外向，乐于表达自己的想法。

可能的感受三：哎呀，我忘了。从孩子的言行中可以明显看到，正确的洗手方式已然被孩子接纳，他们也乐意去学、去做。但是因为年龄小，在习得的过程中容易遗忘，所以有了片段三中保育员适时地提醒"手指缝搓搓"，听到提醒，该幼儿马上做出动作上的跟进，也反映出习惯的养成是日积月累、持之以恒的过程。

（二）思考

1. 小班幼儿在不同时期需要的洗手支持是不同的

随着幼儿入园后对集体生活的适应、个体之间出现的发展差异（包括动作、情感、认知等方面）、季节的变化等主客观因素影响，幼儿洗手行为习惯的教育教学活动也并非一成不变。

2. 洗手的行为习惯养成不是一蹴而就的

洗手步骤精细到"七步"，对于认知、经验、能力发展尚不足的小班幼儿来说，要熟练掌握与一一落实是比较困难的，不是在幼儿园几天就能习得与养成的。

（三）建议

1. 环境支持

（1）物化规则方法，过程调整重实效。正如我们在进入盥洗室后看到的环境，有洗手的步骤图、等待的脚印等，都让孩子知道怎样去排队等待、怎样让小手洗得干净。可以将这些行为习惯的操作不熟、规则要求通过图片、标识等让孩子们以能看得见、听得到的方式呈现在环境中。但更重要的是，这些环境创设后的图示、图标、录音等对幼儿行为习惯养成的作用，如一开始的洗手起步，在一个阶段后，根据幼儿洗手中的共性问题将"七步"调整为"凸显其中做得不到位的一步"。

（2）减少干扰因素，文明有序很重要。正如本所幼儿园为孩子创设的盥洗室的环境那样，为孩子创设了温馨、整洁、明亮、有序的盥洗室环境。如果园所空间没有这么大，那么在组织幼儿进行盥洗、如厕时建议分小组进入，避免孩子因人多等待而出现的一些冲突、干扰。

（3）儿歌录音可借鉴，播放时机需拿捏。案例中，此班的老师将朗朗上口的"洗手歌"以录音的方式，让孩子们在每一次的洗手中都能听到，起到了环境潜移默化的教育作用，值得推广。当然，播放的时机也要把握，不是一个学期每天都放，如在开学初的一个月或习惯弱化时播放。避免长时间播放使幼儿产生听觉疲劳，影响儿歌辅助提醒的作用。

2. 保教融合

（1）三位一体站位合理，分工合作职责明确。由于幼儿人数多，盥洗室与幼儿活动室两个空间，因此老师与保育员需要分工合作。事先老师和保育员可以进行交流沟通，让保育员也能知道当孩子在如厕、盥洗时可以做些什么，怎么做。如洗手的儿歌，两位老师与保育员要达成一致，切忌每个人的要求各不相同。

（2）适时帮助，帮助有技巧。考虑到许多孩子都会因衣着问题不能自主完成卷袖这件事，建议老师或保育员给予适时帮助，其中要引导孩子自己表达困难，学会寻求帮助，如："请你帮我卷卷袖子好吗？""谢谢。"让孩子们知道遇到困难会寻求身边人的帮助也是了不起的本领。

3. 家园合作

（1）家园要求需一致，持之以恒促养成。将班级中的洗手儿歌、洗手步骤与要求等以文稿、视频等方式告知家长（其他行为习惯的养成也是同理），取得家长在家庭教育上的一致性，家园合力、统一要求、持之以恒，即便是小班幼儿，良好的洗手习惯（包括其他的生活、卫生习惯）也是能很快、很好养成的。

（2）服装适合促发展，关注需求重观察。冬天，孩子过多、过于厚重的衣着使原本自理能力、动作发展都相对薄弱的小班幼儿更显被动。因此，建议园所在条件允许的情况下，如室内开空调，可以让家长为幼儿在园准备一件羽绒背心，在幼儿早上来园后由教师（或保育员）为孩子换上，释放孩子的双手，便于幼儿活动。

偷偷倒菜的小男孩

——由小班幼儿午餐活动观察中引发的思考

【观察时间】

2013年11月3日

【观察地点】

××幼儿园某小班

【观察记录者】

上海市松江区龙马幼儿园王慧

【观察背景】

为了解小班幼儿在午餐活动中的真实现状与实际需求，笔者特在幼儿园午餐时段对某小班幼儿午餐情况进行了持续观察。

【观察记录】

一个个子不高的圆脸小男孩，手里端着两个碗和一个碟子，只见被空碗盖着的碟子里还有许多菜没有吃完。他拿着碗碟走向周围无老师（班主任）的餐桶，准备倒掉。途中刚好经过旁听老师的身边，旁听老师对他说："咦，你的碗里怎么还有菜就去倒掉了？"男孩没有理会，好像什么都没听到一样，仍径直往餐桶方向走，还加快了脚步。男孩走到了放空碗的地方，刚好班级的保育员阿姨也回到了餐桶旁，阿姨发现了男孩碗里的剩菜，询问之下男孩说吃不下了，阿姨也答应了男孩倒掉的要求，男孩开心地将剩菜倒掉，把空碗放好，然后走回自己的座位上，班主任看见了就问："哇，你吃好啦，都吃完了？"男孩用力地点点头，说："嗯，都吃完了。"老师接着说："真是好宝宝，别忘了漱口擦嘴哦。"男孩马上掉转头去漱口擦嘴，完成后又回到了老师那里。老师又称赞了一番，让他去自由活动了。

【分析与思考】

（一）孩子可能的感受

有点紧张。对于陌生老师发现自己的行为后，表现出回避的态度，并且加快了脚步，想快点完成自己的事情。

慢慢放松。虽然阿姨也发现自己没能将菜吃完，但是阿姨同意自己倒菜的行为，也没有告诉老师。

暗自窃喜。不仅成功地将剩菜倒掉了，还成功地隐瞒了事实，并且被不知情的老师表扬了一番。

以后继续。这次"成功"对于小男孩来说，可能感受到了"偷偷倒菜"的乐趣，可能在今后的用餐环节会继续产生这种行为。

（二）思考与建议

1. 思考

（1）午餐教育的根本价值与目的。午餐环节中，教师对于幼儿的引导教育比起以"吃完饭菜"的结果呈现为目的来说，更重要的是良好进餐习惯的过程性养成。因此，教师在午餐环节中的教育不仅是关注孩子有没有吃完自己的饭菜，同时还要给予用餐情感上的引导，如食物对成长的作用、孩子产生用餐问题的长期成因或临时原因等，生活教育一定不是一次性的效应。

（2）午餐环节，保育员和教师需要沟通些什么。整个午餐环节应该说教师和保育员都是很忙碌的，彼此之间哪些是需要进行交流和沟通的呢？这其中应该有彼此之间的默契，也有三位一体的配合，有必要的内容，也有按需的内容。

2. 建议

（1）关于三位一体的沟通和交流内容：第一，各自的分工。在午餐环节每个人的观察重点，保育员主要负责幼儿的生活内容，如盛饭、添饭、饭菜撒下后的清理等。老师主要负责习惯养成教育、情感态度培养等，如不挑食，正确的进餐习惯等。这些内容各自有所侧重，但在观察指导过程中也可以进行整合。第二，特殊儿童的照料。对一些特殊幼儿的情况要进行沟通，如过敏幼儿不能吃的食物，生病幼儿的情况等。第三，突发事件的了解和处置。在进餐过程中突然发生的事情，如幼儿呕吐等情况。

（2）各类人员对幼儿的教育需保持一致：教师和保育员对幼儿行为的引导必须保持一致，要求、实施、指导等均应一致。

爱吃饼干的"小卷毛"

【观察时间】

2013年11月21日

【观察地点】

××幼儿园某小班

【观察记录者】

上海市松江区文翔幼儿园吴亚萍

【观察背景】

11月，小班幼儿逐渐适应幼儿园的集体生活，为了解适应期间幼儿在点心环节中的真实需求、自我服务意识、生活习惯等情况，笔者特在早上的自主点心环节，对某小班的一名幼儿（案例中的女孩有着一头可爱的小卷发，所以称呼她为"小卷毛"）进行了持续观察。

【记录与分析】

片段一："小卷毛"拿着杯子，坐到了点心桌旁，用右手全手掌捏住夹子。第一块饼干用夹子夹了一次没有成功，尝试了几次后成功夹起；第二块饼干试了一次就成功夹到自己的托盘里了。老师走到"小卷毛"身旁，回应道"成功了"，然后转身走到其他幼儿身边了。

分析：孩子可能的感受是夹饼干有点"困难"。从幼儿用夹子取饼干的动作来看，受小肌肉发展的限制，自如使用夹子有一定的难度，所以第一块尝试了几次才成功。

片段二："小卷毛"边吃点心边摆弄自己的袖子。教师看到后说："袖子有点湿了，是不是……"还未说完，就去关注其他孩子了。

分析：孩子可能的感受是袖子湿了有点不适。从幼儿边吃点心边摆弄自己的袖子这些动作可以看到，洗手时弄湿了袖子，有点不舒服，可能想要成人的关注与帮助。

片段三：吃完两块饼干后，又夹了两块饼干，吃完后东张西望，最后，一口喝完牛奶。这时，保育员回应："丫丫吃完了吗？去漱口。""小卷毛"就放好装点心的小盘子，倒水到盥洗室漱口，主班老师看到后，表扬她："真棒！"接着她想走到同伴那里去参加游戏，配班老师又提醒："用小毛巾擦好了吗？"然后她又去擦小脸。

分析：孩子可能的感受是吃点心的步骤有点麻烦。吃好点心后要放好杯子和盘子，还要去盥洗室漱口，想去参加游戏还要回去擦脸，在幼儿园吃点心步骤太多容易忘记，真是有点麻烦。

【思考与建议】

（一）思考

1. 自主点心环节对小班初期幼儿的价值与意义

早上的自主点心作为幼儿早餐与午餐之间的膳食补充，在此环节需要幼儿自主地洗手、拿饼干、取放餐具、倒牛奶、漱口、擦嘴等，对于小班入园初期的幼儿完成这一系列的事情，需要教师给予幼儿关注、鼓励与支持，让幼儿能愉快地、自主地完成点心环节。

2. 自主点心环节中小班初期幼儿的需求是什么

自主点心活动虽然是每个幼儿入园的寻常时刻，但对于小班初期的幼儿可能是一个个小挑战，需要自己克服困难，独立完成。因此在这个过程中，他们更需要关注，如幼儿吃点心前洗手时袖子湿了，需要老师的提醒与帮助；他们更需要鼓励，如幼儿反复尝试几次后终于成功夹起饼干，这是需要老师的鼓励与肯定的；他们更需要支持，如幼儿对这些烦琐的吃点心步骤感到麻烦时，需要老师智慧地做到化繁为简，尽可能简化吃点心的一些步骤与路径。

（二）建议

1. 对孩子——做到"三个细化"

细化观察指导：教师通过观察，尽可能地捕捉到幼儿的动作、表情、语言等各方面的信息，并快速地做出正确的分析识别与回应。特别是对于生活自理能力差的幼儿，及时、全面地关注幼儿自我服务时的情绪、行动等，在此基础上给予真正的帮助。

细化语言指导：在片段中，教师引导大都以个别指导和激励为主，且都是比较简单的提示性语言和评价性语言，但是针对孩子用点心的一些共性问题，可用一些朗朗上口的儿歌进行集体性引导，如"小卷毛"的饼干和牛奶完全分开吃的现象，教师可以用"一边吃饼干，一边喝牛奶，味道真好哇"等语言提示。

细化回应方法：面对突发小事件的处理和回应还需及时，当孩子的袖子湿了以后，能不能给孩子垫些纸巾或垫一条小毛巾，并引导孩子洗手之前将长袖变短袖呢？

2. 对教师——做到"三个优化"

观察过程中看到：保教人员通力协作，职责分工明确。主班教师、配班教师和保育员站位合理。主班教师重点负责点心区域，配班教师重点负责盥洗区域，而保育员重点负责孩子用点心的情况，有序开展用点心环节。保教人员亲切自然，注重情感激励，体现了老师和保育员对孩子的爱护与关注，过程中以表扬和激励为主。但是就点心环节的组织来看，还需要做到三个"优化"。

优化步骤路线：孩子在用点心环节共有洗手、拿杯、夹饼干、吃点心、放盘、漱口、放杯、擦嘴、插牌9个步骤，需要保教人员一再地提醒，建议简化步骤，比如擦嘴步骤可按需使用。同时优化路线，设置用点心区域和自主整理区域，把漱口、擦嘴等设置在盥洗室，减少孩子的走动。

优化环境材料：小班初期孩子的小肌肉发展还很有限，能否提供多元取饼干的材料，如大小不一的调羹、夹子等，让幼儿根据自己的喜好、能力去选择工具，可能会减少"小卷毛"一开始的沮丧情绪。

优化教师配合：主配班教师已经有分工和配合，但当出现类似"小卷毛"洗手时袖子弄湿等情况时，是否需要和站在盥洗室的配班教师沟通一下，请她关照孩子洗手时的卷袖，合理的分工和密切的互动，更能做到关注全体和兼顾个体。

除了常规还能关注什么

——由某小班喝水环节观察中引发的思考

【观察时间】

2013年10月29日

【观察地点】

××幼儿园某小班

【观察记录者】

上海市松江区教育学院陈莉

【观察目的】

通过对小班幼儿喝水环节的观察，了解教师在喝水环节的观察要点和组织现状，以便根据发现的问题提出改进建议。

【观察记录】

运动后，幼儿们回到班级，有序地如厕、洗手，然后到教室一角的水桶前排队喝水。王老师站在水桶边上，一边用手势提示幼儿有序排队，一边用语言指导正在拿杯子倒水的幼儿："拿水杯时要勾住杯子的小耳朵，捏紧杯子的耳朵，对准出水口再放水哦！"幼儿关注到地板上贴的"小脚印"，一个挨着一个有序排队，轮到倒水的幼儿小心翼翼地拿着杯子，根据老师的要求紧捏杯耳，对准水桶的出水口倒水，倒了小半杯后关掉开关。一个小男孩拿好杯子后，将水杯放置于出水口，可是手臂不够长，够不到。于是，他蹲下身子，跪在地上用水杯接水。后面排队的好几个幼儿也采用同样的方式倒水。

当教师看到已经倒好水的幼儿四散在水桶周围时，有的站在教室玻璃门边喝水，有的坐在餐桌边上的小椅子上喝水，于是提醒幼儿："宝宝们，这里有空的小椅子，大家可以坐过来哦。"有的幼儿在听到老师的提示后慢慢地端着水杯走了过来，有的幼儿仍然站在原地。教师继续提醒道："喝水的时候，慢慢喝，当心烫，小嘴巴不讲话。"当大部分幼儿喝完水后，教师提醒幼儿："把杯子轻轻地送回去，小帘子（水桶帘）拉起来。"

【思考与建议】

（一）过程中教师的组织特点

1. 教师的角色定位

从整个互动过程来看，教师在组织喝水的过程中，通过语言和手势提示幼儿按照要求排队、取放杯子、在适合的地方喝水，能够根据幼儿园生活活动的组织要求，以符合小班幼儿年龄特点的方式对幼儿的行为进行提示，是一位合格的组织者和指导者。

2. 教师的观察指导要点

在整个喝水的过程中，教师分别在幼儿排队时、取水时、喝水时、放杯子时给予了语言提示。教师的观察和指导要点分别是：

（1）幼儿有没有有序排队。

（2）幼儿拿杯子的时候有没有拿稳，有没有对准水桶的出水口。

（3）幼儿有没有坐着喝水。

（4）幼儿会不会自己将水杯放好。

…………

虽然整个喝水环节在教师的组织下井然有序，但是除了常规的提醒外，教师还有没有其他任务？或是更关注幼儿行为背后反映出的需求呢？

（二）过程中幼儿的隐性需求

1. 喝水的自主权

幼儿一个个排队喝水，主要是因为教师的提醒，是不是每个幼儿都有喝水的需求？也许是因为刚刚运动，所以教师想要提醒幼儿运动后的饮水，那么小小半杯水是否能满足幼儿的需求？几乎每个幼儿都是倒一次水，而且为了不打翻水，只倒小半杯，那么每个幼儿的喝水需求一样吗？是否需要进一步提示幼儿根据自己的需要来倒水（水量的多少）呢？

2. 取水的便利性

幼儿一个个排队，间隔时间太久，是否反映出拿取杯子的方式不太便利？一个幼儿在倒水的时候，因为水桶太低，所以站直后没办法够到，于是选择跪在地上倒水，是否反映出幼儿认为这样的水桶高度不太便利，教师是否需要对此进行反思和改进?

3. 喝水的舒适度

在喝水的时候，大部分幼儿都四散在水桶周围站着喝水，于是教师提醒幼儿边上有座位，如果有需要可以坐下来喝水。但是，真正响应的幼儿并不多。所以，是否反映出教师提供的座位离水桶太远了，不太方便就座?

（三）喝水环节的组织与指导建议

针对上述幼儿行为可能反映出的需求，建议教师在组织幼儿喝水时尝试这样做。

1. 教师可以看什么——喝水环节的观察要点

（1）关于环境的观察要点

① 水桶的位置和高度是否符合幼儿的身高，是否便于幼儿倒水。

② 水杯的取放方式是否便利。

③ 小脚印的环境暗示有没有真正发挥作用。

（2）关于幼儿的观察要点

① 幼儿是如何排队的，在取放杯子的时候是否出现困难。

② 幼儿喝水的积极性如何，在倒水和喝水的时候是否出现不愿意、不自主的情况。

③ 喝水量是否充足（小便发黄的幼儿、病患儿都需要多喝水），有没有忘记喝水的幼儿。

2. 教师需要做什么——喝水环节的组织方法

（1）站位要合理

能够兼顾倒水与喝水的观察和指导。

（2）指导要及时

根据幼儿的需要及时提示，对于喝水少或特别需要喝水的幼儿额外关照。

（3）方式要多元

① 语言提醒，如对于违反常规的幼儿可以采用语言及时提醒。

② 动作提示，如对于取放水杯有困难的低龄幼儿可以采用动作提示。

③ 环境支持，如用小脚印贴于地面，提示幼儿排队的间隔等。

走近你，认识你

——对小班幼儿来园喝水环节的随机观察

【观察时间】

2013年10月29日

【观察地点】

××幼儿园某小班

【观察记录者】

上海市松江区白云幼儿园张洁

【观察背景】

能否养成良好的喝水习惯对幼儿的健康成长具有重要作用，然而小班幼儿年龄较小，在喝水习惯养成方面会有哪些需求呢？为了解小班幼儿喝水现状并及时做出分析与思考，笔者特在某小班幼儿喝水时段随机选择一名男孩进行追踪观察。

【观察记录】

1. 所看到的孩子的行为表现

运动后回到活动室，孩子们洗完手陆续排队喝水。男孩也跟随在队伍之中，在听到老师的要求后，他取了水杯后快速排了队，边跟着队伍往前走，边在队伍中东张西望，还不时地用小脚触碰地上的脚丫图案。

轮到他时，他快速地往水杯里接了半杯水，拿起水杯就往距离自己较近的一个橱柜走去，边喝几口水边用手碰碰柜面上的玩具，还不时地环顾四周，吸引了周围几个孩子的目光。大家纷纷走去，碰碰玩具喝喝水，甚至交流起来，这引起了老师的关注。"宝贝，快点把水喝完，等会儿要活动了，喝水要认真哦。来，你们几个站这儿。"老师疏散了刚才聚集在一起的孩子，大眼睛弟弟在转身离开的时候，伸手偷偷摸了摸橱柜上的玩具，似乎很不情愿的样子。

最后他终于把杯子内的水喝完，在放水杯经过午睡室门口时，他还特意停留了一下，伸出脑袋环顾了午睡室一圈，自言自语一句，就去放杯子了。

2. 看到的教师回应

喝水前，老师站在一边静静地观察。喝水时，孩子的聚集引来了老师的关注并介入指导。喝水后，老师关注还在排队喝水的孩子，提醒他们蹲下、倒半杯水等，对喝完水的孩子没有过多地关注。

【分析与思考】

（一）笔者所想到的

1. 关于孩子

在今天的喝水环节，让笔者一下"记住"了你，也让笔者进一步地认识了你，以下是你在笔者心中的模样。

脾气性格：

你是一个平时比较好动、急躁的孩子，其他孩子的眼神都比较安定，可你的眼神、动作中却透露出一丝顽皮。你的动作是那么快，所以能排在喝水队伍前面，而你的好动又让你在排队时常用小脚来作为自娱自乐的一种方式。

情绪情感：

你对喝水有兴趣，愿意主动喝水，在喝水过程中情绪稳定，你脸上的笑容很灿烂，乐意和周围的环境互动，如边喝几口水边用手碰碰柜面上的玩具，相信在你的世界里一切都是有生命的，玩具也收获了你满满的爱。看得出来，你的感情是细腻而且丰富的，这样的一个你肯定会有更多的朋友。

规则意识：

你是一个很遵守规则的孩子，能懂道理，知道运动后需要喝水来补充水分，会排好队喝水。你又是一个比较聪明的男孩，所以对整个喝水的流程、拿杯子的方法、喝水的要求已经熟记在心。

2. 关于老师

老师的教育对策比较直接、强硬，没有思考引发孩子行为的原因并关注孩子的年龄特点和需求，介入指导虽然暂时起到了效果，但不是长久之计。小班的孩子易模仿，男孩的举动会招来其他同伴的关注和模仿，而平时带班过程中老师可能最担心的就是喝水中孩子的不专注和常规的不遵守。老师的观察和介入指导可能更关注于孩子在喝水过程中的有序和方法。

（二）思考与建议

1. 行为背后的意义

饮水是幼儿在园生活中非常普通却又十分重要的环节。小班幼儿由于年龄较小，尚没有养成良好的喝水习惯，因此更需要教师的支持与指导。在日常带班中，喝水的常规和喝水的方法往往是一线老师关注的事情，可孩子对喝水时的需求和良好喝水习惯的形成往往是大家所忽略的，孩子的行为表现出孩子对喝水品质的需求。以"完整儿童"的视角观察孩子，创造温馨适宜的饮水小空间，在良好的氛围中培养孩子良好的饮水习惯，在这个过程中可能会给老师和孩子带来无限惊喜。

2. 建议

在环境创设方面，喝水区域的创设尽量远离午睡室，尤其是小班，避免孩子被其他空间吸引。划分好喝水休息区域，有条件的话，可以在走廊内增设一些小椅子，方便幼儿休息，轻声交流，但必须注意安全。有条件的话，水桶放置的位置也可以在语言区附近，可以把语言区作为幼儿喝水休息的区域，同时也可以边喝水边欣赏墙上的图片。

在老师的观察指导方面，以"完整儿童"的视角观察孩子，关注幼儿的整体表现，建立良好的互动氛围，介入指导时可以先思考引发幼儿行为的原因，适时指导。

今天你喝水了吗

——由幼儿喝水想到的……

【观察时间】

2013年10月29日

【观察对象】

××幼儿园中班

【观察记录者】

上海市松江区大学城幼儿园徐梅

【观察背景】

喝水，一件看似简单的事情，却牵动着众多家长的心，更是教师关注的幼儿在园生活的重点内容，由此培养幼儿养成科学、健康、安全的饮水习惯就成了一个很关键的问题。

【观察记录】

游戏活动后，老师请孩子们去走廊喝水。男孩拿着杯子来到水桶边，倒了一小口水喝完后，随即又接了半杯水，站到墙边，边喝边自语道："我今天一点水也没喝。"见老师走过来，男孩对老师说："王老师，我今天有点咳嗽，妈妈说要多喝水。"这时，另一个孩子也站到墙边来喝水，男孩看了看同伴问："我已经第二杯了，你喝多少杯水了？"然后去摆弄喝水记录牌。男孩将杯子与同伴的杯子碰了一下，"干杯！"此时，老师在门口对喝水的孩子们说："喝完了快进来。"男孩一饮而尽去放杯子，用力关上水桶的门，回头对刚才的同伴说："你快点喝哦！"扭头跑回活动室。

【分析与思考】

（一）孩子可能的感受

有需求。孩子的确口渴了，而且试图通过自己的语言告诉老师自己先喝一口的原因。

有要求。妈妈要孩子多喝水，老师要孩子记录喝水次数，所以孩子有主动喝水的行为。

闹着玩。孩子的"干杯"行为来源于生活经验，反映出男孩喜欢跟同伴聊天、说笑，边喝边玩的天性。

不自主。站在墙边排成一排喝水，让孩子不舒适也不安全；孩子们匆匆地喝完水回教室，缺少生活的品质。

（二）思考与建议

1. 思考

每天都有家长提醒孩子或叮嘱教师让自己的孩子多喝水。喝水这一环节，幼儿每天都要多次重复，但孩子们还是不能很好地主动喝水，往往在教师提醒、督促之下才去喝水，或者看到同伴去喝水才想到自己要喝水。经常见到孩子们在喝水时吵闹或者出现游戏行为，喝水处成了他们说笑和聊天的场所，而这些现象在老师眼里是不允许的。

究其原因，一是幼儿还没有形成主动喝水的习惯，而且很多孩子不喜欢喝白开水；二是教师把饮水看作例行公事，对幼儿喝水情况缺乏关注与方法指导。如何让孩子自主喝水？这需要我们去反思，从实践中找到更好的办法。

2. 建议

环境支持：合理地设置班级喝水区域，安排好倒水区、饮水区，避免在通道喝水，让喝水的环境更温馨。

营造氛围：满足不同孩子的喝水需求和情绪，通过音乐、儿歌，让幼儿以轻松、愉快的心情喝水。

观察引导：利用随机的生活教育，让幼儿了解喝水的好处；采取正面教育的方式，鼓励幼儿多喝水、喜欢喝水；请幼儿参与创设饮水环境、协商饮水规则，从日常细节上做到"让孩子成为活动的主体"；借助家长的配合，提醒幼儿多喝白开水，少喝或不喝饮料。特别关注不爱喝水的孩子，适当地引导与提示，根据个体情况进行个别调节。

第二篇

教育：

提升幼儿品质生活

教师是决定教育成败的关键因素，具有极大的力量。幼儿园教师在与孩子相处的每时每刻就是在传递教育的力量，以自身的价值观、世界观、人生观默默影响着孩子。同时，作为支持者、引导者、合作者，幼儿教师更应该具备观察分析、创设环境、设计组织、互动评价、家园共育等专业能力，品质生活、品味专业。

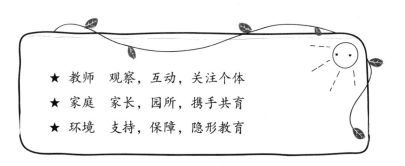

★ 教师　观察，互动，关注个体

★ 家庭　家长，园所，携手共育

★ 环境　支持，保障，隐形教育

在"幼儿品质生活"第一阶段课题研究的基础上，2014年9月至2016年6月开展第二阶段"幼儿园教师实施生活活动专业能力的实践研究"的专题研究与实践。通过幼儿在园一日生活环节实施中的问题发现与分析，研究各生活环节中幼儿的发展需要与教师的专业能力，包括生活环境创设、生活中的观察、生活中的师幼互动、生活中的个别化教育、生活中的家园共育与生活活动评价等，为一线教师提供相关操作建议与资源，同时转变教师思考角度，增强儿童意识、课程意识等，提升生活课程品质。

本阶段在研究实践中，重点关注以下问题：

◎ 核心要素

在本轮研究与实践中，我们把握教师在开展生活活动中的核心要素，采用分组教研的方式，从教师、家庭、环境三个方面针对涉及的六大核心要素，即观察、环境、互动、家园共育、关注个别与评价，开展专题研究与实践。在此，力图传递给每一位阅读者最清晰且重要的关于开展幼儿生活活动核心要素中涉及的教师专业。

◎ 实践案例

在研究中我们积累了大量的实践经验，为了能准确地传递给读者，并使其具有可读性，我们采用了许多参与研究与实践的鲜活案例，抛砖引玉，以期引发大家的共鸣与思考。

该阶段成果聚集了工作室成员们的智慧，更体现了这些成员所在幼儿园的支持与无私奉献，在此表示衷心的感谢！更感谢工作室导师——上海市教委教研室特级教师黄琼，她每一次的指导与点拨让我们方向更明确、意义更显著。最后，欢迎广大教师在使用过程中多提宝贵的意见与建议，我们将不断实践，加以完善。

（备注：第二阶段唐晓晴首席教师工作室成员钱双、周婵、王慧、朱晓燕、肖丽娜、张准、范静，以及区学前中心组与互助组桂鹏、方艳、邵昆、杨益、曹娜、曹敏、杨超群、张丽燕、汪蓓蓓、徐文、张洁、任妹、吴亚萍、沈莉薇、伍燕飞、戴晓蕾、徐珺、金晶、赵琪、鹿爽、戎伦、徐漪、陈莉、孙焕、张乙晖、徐吉来参与了项目研究与成果汇编）

教师： 观察，互动，关注个体

幼儿在园一日生活中，教师与其时刻相处，潜移默化地影响着幼儿的言行。同时，教师也通过其专业知识与能力，观察识别、有效互动，支持每一个幼儿的良好生活习惯的养成和生活经验与能力的获得。以下从教师的角度，围绕生活活动中的观察、互动、评价与关注个体分别展开介绍，力图提升教师生活教育的品质。

观察，发现生活需求

幼儿园生活课程包括专门的生活活动与一日活动中渗透的生活，为此教师需对幼儿在生活活动中的行为进行细致观察，才能提升课程质量。观察幼儿行为，不仅包括直接可见的幼儿外在活动的观察，还包括情绪、思维、意愿、个性等以外在行为为线索间接推断内在的心理活动和心理过程。教师需要运用注意、对象与背景、主观参与、判断与结论四要素开展观察，并有效记录。

观察能力是幼儿园教师必须具备的专业能力之一，生活活动中提供了教师大量的观察每一个幼儿的机会，并从中了解、分析幼儿的发展需要与水平，为进一步的指导与回应提供依据。因此，通过观察，教师能够了解幼儿行为发生的原因、发生的环境等，了解幼儿的现场反应及后续反应。从中联系所掌握的专业知识，为分析与解读幼儿行为提供支持，也为儿童视角的转变提供机会与体验。

一、生活活动的观察要点

（一）在园一日生活总体观察要点

1. 日常活动开始时、进行中、结束时的态度

（1）轻松接受、顺从、直接或间接抗拒、流露出紧张或恐惧神色。

（2）有兴趣、漠然、拒绝。

2. 对日常活动的情绪反应

兴奋、厌恶、轻松、自信。

3. 显现出独立或依赖

（1）加以提醒、自己行动、主动。

（2）接受或拒绝协助。

4. 生活需求

（1）进食的食量。

（2）饮水的频率。

（3）睡觉的时间。

（4）小（大）便的频率。

（5）休息的需求。

5. 社会交往困惑（问题）

（1）肢体过度紧张，无法放松。

（2）过度渴求教师的关注。

（3）拒绝同伴、食物等。

（4）依赖教师、玩具、衣物等。

（二）在园一日生活各环节观察要点

1. 来园

（1）幼儿情绪

高兴、平静、忧伤、哭闹。

（2）幼儿身体状况

①脸色。

②伤痕。

③肢体。

（3）幼儿着装

①外套。

②鞋子。

③衣裤。

（4）招呼礼仪

①与教师、同伴打招呼。

②与家长道别。

（5）摆放物品

（6）活动参与

2. 离园

（1）幼儿仪表

①头发。

②着装。

（2）幼儿物品

①整理物品。

②自带玩具物品等。

（3）幼儿情绪

高兴、平静、忧伤、哭闹。

（4）道别礼仪

①与家长打招呼。

②与教师、同伴道别。

3. 盥洗

（1）正确洗手

①洗手前：卷袖子、排队。

②洗手中：方法（洗手、擦手）、专心（玩水）。

③洗手后：毛巾摆放、拉袖、整理、回活动室。

（2）正确洗（擦）脸

①洗（擦）脸前：排队、毛巾拿取。

②洗（擦）脸中：方法、专心（玩水）。

③洗（擦）脸后：毛巾摆放。

4. 如厕

（1）如厕前

① 刺激因素：幼儿自身需求、模仿别人、群体活动、教师要求。

② 面部表情：紧张、自然。

③ 是否愿意：有明显需求但拒绝幼儿园便器等、不愿意与大家一起上厕所、高兴愿意、心不在焉、匆促、轻松。

（2）如厕中

① 排队等待：着急、能够等待、排队。

② 脱裤自理：脱裤的位置、脱裤的时间。

③ 便纸使用：意识、方法。

④ 便器使用：蹲式、坐式。

⑤ 如厕态度：性别意识、裸露身体、与其他幼儿互动。

（3）如厕后

① 整理：拉裤子的时间、披上衣的方法、衣服整理。

② 冲厕：主动、提醒、忘记。

③ 盥洗：主动、提醒、忘记。

5. 餐点

（1）餐前

① 进餐环境：地点、谁负责供食、幼儿能否自行决定选取食物、食物分量能否按需、食物的温度、进餐环境安静与轻松、进餐空间（桌椅等）、拿取路径、餐具提供。

② 进餐态度：渴望与期盼、积极、胆怯、害怕、挑剔、抗拒。

③ 餐前洗手。

（2）餐中

① 是否独立：独立、需要帮助。

② 幼儿食量：非常少、比较多、两份等。

③ 食物兴趣：喜好、速度。

④ 进餐自理：餐具使用、进餐有条理。

⑤ 文明习惯：边吃边玩、坐姿端正、打喷嚏或咳嗽、桌面整洁、保持较为安静。

⑥进餐社交：交谈（是否、与谁、频率、说了什么、兼顾进餐）。

⑦特殊情况：不适等。

（3）餐后

①整理：桌椅、碗筷等。

②漱口：主动与否、方法。

③擦脸：主动与否、方法。

④情绪：高兴等。

⑤行为：奔跑、等朋友、上厕所、安静活动等。

6. 饮水

（1）饮水前

①饮水环境：地点、幼儿能否自行决定饮水、水量能否按需、水温、饮水环境舒适与轻松、饮水空间、拿取路径、水杯提供。

②拿杯方法。

③排队有序。

（2）饮水中

①接水方法。

②水量多少：适宜。

③饮水地点。

（3）饮水后

①杯子摆放。

②影响同伴。

7. 午睡

（1）午睡前

①午睡环境：空间、氛围、小床。

②午睡态度：渴望与期盼、积极、接受、害怕、哭泣、抗拒、无所谓。

③如厕盥洗。

④脱衣（裤、鞋）自理：意愿、方法、整理。

（2）午睡时

①钻、盖被子。

②入睡情况：自动、需要教师安抚后入睡、难以入睡、不睡。

③午睡表现：肢体紧张、抚慰性动作（吮吸手指、拉耳朵等）、安抚物依恋。

④睡姿：是否有不良睡姿。

⑤入睡中特殊情况：身体状况等。

（3）午睡后

①如何醒来：叫醒、自然醒、吵醒。

②衣（裤、鞋）自理：意愿、方法、整理。

③整理：叠被、整理衣物等。

④如厕、盥洗。

8. 游戏

（1）游戏前

①游戏场地：空间大小、安全。

②游戏材料：数量、种类、安全。

（2）游戏中

①参与人数。

②行为安全：危险行为、过激行为、玩具使用。

③交往语言：礼貌用语。

④游戏方式：独自、平行、联合、合作。

⑤问题解决：求助、协商等。

（3）游戏后

①整理物品：物归原处、物归原样。

②生活自理：如厕等。

9. 学习

（1）活动前

①空间布置：座位安排、桌椅摆放、空间区隔等。

②材料提供：数量充足、教具摆放、拿取方便等。

（2）活动中

①参与态度与情绪：感兴趣、好奇、主动、对困难的态度等。

②学习行为与习惯：坚持、注意、计划、合作等。

③文明礼仪：坐姿、站姿、举手习惯等。

④语言：文明用语等。

（3）活动后

①整理物品：物归原处、物归原样。

②生活自理：如厕等。

10. 运动

（1）运动前

①空间场地：场地安全。

②运动器械：数量充足、器械摆放、拿取方便、器械安全。

（2）运动中

①参与态度与情绪：感兴趣、好奇、主动、对困难的态度等。

②运动行为与习惯：动作、方向、信号反应等。

③运动文明习惯：文明礼仪、交往合作、遵守规则、自我认同等。

④安全习惯：着装、自我保护等。

⑤自理习惯：穿脱衣、擦汗等。

（3）运动后

①整理：器材整理、场地整理等。

②生活自理：如厕、洗手等。

二、案例分享

大班运动中幼儿生活行为观察

观察背景：

☆ 执教教师：桂鹏，教龄3年，幼教一级，区学前中心组成员，区优秀男教师

☆ 教学内容：大班幼儿集体（分组）运动"百变魔山"

☆ 观察教师：区学前中心组、互助组全体成员

☆ 观察主题：运动中幼儿生活教育的渗透、融合

☆ 活动背景：幼儿品质生活的研究与实践已经开展了第一期关于专门生活组织与实施的研究，并初步形成相关操作手册。本次活动是第二期项目研究中的一次现场教研，聚焦"幼儿园教师实施生活活动专业能力的实践研究"这一

专题中关于"生活活动中的观察"小专题而开展。

观察目的：

通过对幼儿在运动中有关生活习惯行为的观察与分析，了解运动中幼儿生活发展的需要与教师应观察的要点，提供专业分析与支持。

观察内容（见表2-1）：

表2-1　运动中的生活观察要点（主要针对大班）

内容	观察要点	提示
运动习惯	是否愉快参加活动、主动活动身体 是否乐于尝试不同的运动器械，充分活动身体	运动兴趣
	多种肢体动作协调、平衡 运动器械组合，尝试新玩法	运动方式
文明习惯	能否大方应答、主动回应 能否相互礼让、不推不挤、不争不抢 能否在行走或奔跑时不横冲直撞	文明礼仪
	能否主动找同伴一起运动 在活动时是否干扰他人 同伴遇到困难或求助时是否愿意帮助 寻求帮助或想与同伴一起玩时是否礼貌地提出 与同伴遇到矛盾时能否协商解决 犯错时能否不推卸责任或指责他人	交往合作
	是否自觉遵守运动规则	遵守规则
	能否知道自己运动中的喜好	自我认同
安全习惯	对运动环境的变化能否做出反应 遇到危险能否主动避让 能否安全使用各种运动器械 知道自己不适或受伤，能否立即、主动告诉老师	运动安全
	能否有意识穿适宜运动的鞋子与衣裤参加运动	个人卫生
自理习惯	是否知道出汗时脱衣，能否独立完成 能否整理脱下的衣物，放于指定处 能否自己主动擦汗等	个人自理
	爱护器械、物归原处	简单劳动

观察方式与分工：

☆ 事件记录组1：幼儿行为生活习惯

要求：在活动过程中，每位组员对幼儿的一个关键事件进行观察记录并分析。

提示：避免偏见与自己的喜好，避免文字误差。

思考为什么记录该事件，有哪些值得记录的理由；所记录的事件客观、准确、完整。

尽可能运用正确的词汇、文字或数据进行记录，以保有原本对话的情境和含义。

☆ 事件记录组2：运动环境生活习惯

要求：在活动过程中，每位组员以运动环境创设为载体对一个幼儿与环境互动的关键事件进行观察记录并分析。

提示：避免偏见与自己的喜好，避免文字误差。

思考为什么记录该事件，有哪些值得记录的理由；所记录的事件客观、准确、完整。

尽可能运用正确的词汇、文字或数据进行记录，以保有原本对话的情境和含义。

☆ 个案追踪组1：幼儿行为生活习惯

要求：在活动过程中，每位组员追踪一名幼儿进行观察记录并分析。

提示：首先选定观察对象，追踪观察该幼儿在活动中的行为、语言等并记录。

避免偏见与自己的喜好，避免文字误差。

思考该幼儿在生活习惯方面的发展水平以及后继跟进对策。

☆ 个案追踪组2：教师行为指导有效

要求：在活动过程中，每位组员追踪教师行为进行观察记录并分析（可以是全程，也可以是关键事件的指导与处理）。

提示：避免偏见与自己的喜好，避免文字误差。

思考该教师在生活习惯培养方面好的与不足以及建议或对策。

☆ 行为检核组：幼儿行为生活习惯

要求：在活动过程中，每位组员对全体幼儿的一项内容进行观察记录并分析。

提示：小组协商进行分工调整，仔细观察、准确记录。

格式：

按照表2-2进行记录，记录后对所负责观察的内容进行分析。

表2-2 运动中幼儿（生活）行为观察检核表

分工	内容	观察要点	记录			
			是		否	
			人数	百分比	人数	百分比
任务一	运动习惯	是否愉快参加活动、主动活动身体				
		是否乐于尝试不同的运动器械，充分活动身体				
任务二		多种肢体动作协调、平衡				
		运动器械组合，尝试新玩法				
任务三	文明习惯	能否大方应答、主动回应				
		能否相互礼让、不推不挤、不争不抢				
		能否在行走或奔跑时不横冲直撞				
		能否主动找同伴一起运动				
任务四		在活动时是否干扰他人				
		同伴遇到困难或求助时是否愿意帮助				
		寻求帮助或想与同伴一起玩时是否礼貌地提出				
		与同伴遇到矛盾时能否协商解决				
		犯错时能否不推卸责任或指责他人				
任务五		是否自觉遵守运动规则				
		能否知道自己运动中的喜好				
任务六	安全习惯	对运动环境的变化能否做出反应				
		遇到危险能否主动避让				
		能否安全使用各种运动器械				
		知道自己不适或受伤，能否立即、主动告诉老师				
		能否有意识穿适宜运动的鞋子与衣裤参加运动				

续 表

分工	内容	观察要点	记录			
			是		否	
			人数	百分比	人数	百分比
任务七	自理习惯	是否知道出汗时脱衣，能否独立完成				
		能否整理脱下的衣物，放于指定处				
		能否自己主动擦汗等				
		爱护器械、物归原处				

观察结果：

☆ 事件记录组1：幼儿行为生活习惯

时间：2014年10月21日上午9：20

地点：松江区文翔幼儿园操场两列轮胎道路上

对象：2名女孩、1名男孩

年龄：6岁左右（大班上学期）

记录者：泗泾幼儿园徐文

操场上，桂鹏老师带孩子们一起开展运动活动"闯关达人"，当幼儿闯到第三关"狭路相逢"时，两队幼儿从相反的方向准备通过轮胎路，我看到了这两个片段。

片段一：你们先走

当男女两队幼儿从相反的方向通过轮胎路时，我看到2名女孩一起往前走，对面走来了4名男孩，这时候走在前面的女孩（A）双脚站在轮胎的一边停住，对着对面来的男孩说"你们先走"。4名男孩一共用了12秒左右从女孩身边走了过去，脚没有跌下轮胎。

片段二：你们让一下我

当女孩（B）在轮胎路上前进并快要与对面2名男孩相遇时，我清楚地听到该女孩说"你们让一下我"，走在前面的男孩（C）走到与女孩相邻的轮胎上时停下说"你先走"，后面的男孩也马上停下。女孩（B）用4秒左右从2名男孩身边走了过去，脚没有跌下轮胎。

分析：

1. 女孩A

主动性强，文明习惯好，表现在：

a. 能主动通过语言"你们先走"和行动进行礼让；

b. 与同伴即将遇到碰撞矛盾时，能主动提出解决办法。

安全习惯好，表现在：

a. 对运动环境的变化能马上做出反应；

b. 遇到危险能主动避让。

2. 女孩B

主动性强，交往能力强，表现在：

a. 当遇到困难时，能主动提出帮助；

b. 与同伴即将碰撞产生矛盾时，能主动协商解决。

运动安全意识强，表现在：

a. 对于可能出现的危险能想办法避让；

b. 对运动环境的变化能马上做出反应。

3. 男孩C

文明习惯好，交往能力较强，表现在：

a. 对于同伴能大方应答，主动回应；

b. 能相互礼让、不推不挤；

c. 同伴遇到困难或求助时愿意帮助。

运动安全意识强，表现在：

a. 对于可能出现的危险能想办法避让；

b. 对运动环境的变化能马上做出反应。

在整个过程中，我们能看到这些幼儿都非常愉悦地参加活动，主动活动身体，活动中非常投入，能遵守老师提出的运动规则，大胆尝试着各种新的玩法。"狭路相逢"时不争抢和不慌张，表现出了优秀的品质，值得称赞和学习。

建议：教师可以抓住这些典型人物和事件，给予肯定和表扬，鼓励幼儿向他们学习。

☆ 事件记录组2：运动环境生活习惯

时间：2014年10月21日9：20—9：35

记录者：松江区教育学院陈莉

环境：

大操场上放着16个轮胎从南到北排成两排，一排有8个蓝色轮胎，另一排有8个黄色轮胎，其中从南到北数第四个轮胎上叠了一个黄色轮胎，产生了高低差；轮胎的南侧画了一条粉笔线（作为起点），北侧一个蓝色轮胎挪动了位置作为两排轮胎的交接点。每名幼儿脸上绑了眼罩，一个幼儿扶着另一个蒙着眼罩的幼儿开始走轮胎。

实录：

百变磨山活动的第四关"我帮助你"快接近尾声了，还有一个小男孩蒙好眼睛紧握着同伴女孩的手开始闯关。只听到女孩子说"跨一步"，男孩子哆哆嗦嗦地跨出一步，成功落在了轮胎上，之后的两步也非常顺利。当男孩子走到高低落差的轮胎前时，女孩子说"向上跨一步"，男孩子迈出脚探索前面的路，却因为身体不稳险些摔倒，男孩子用手准备去动眼罩，桂老师看到了，扶着男孩子的另一只手臂，男孩子在老师和同伴的帮助下又迈了一步。桂老师用力帮助他向上提了一把，这次男孩子顺利地站到了两个叠加的轮胎上。下来的时候，男孩子又先伸腿去试探，却因为高低差异没有触碰到轮胎，脚悬在了空中。桂老师拎住男孩子的一只手臂打算把他"运"到下一个轮胎上，但是因为女孩子的力气不够，两边的力量形成了偏差，男孩子倒向了桂老师一边，又一次险些摔倒。男孩子在站稳后又继续走后面的路，只是接下来的每一步，他都用伸脚试探的方式来走，要比前3个轮胎走得慢许多。走到另一边时，他依旧走得很慢，直到最后5个轮胎时他停下了脚步，从同伴女孩的手里抽出自己的手，掀开眼罩看了看前面的路，过了三四秒后又放下了眼罩，迈了一个大步顺利地跨到了后一个轮胎，之后他在老师和同伴的口令下，每次都迈一大步迅速走完了剩余的路。

分析：

1. 幼儿的心理变化很复杂

案例中，男孩虽然完成了老师既定的运动任务，但是他内心却经历了由恐惧—自信—不自信—恐惧—克服恐惧等复杂的心理变化。

（1）恐惧：蒙上眼睛那一刻，男孩是恐惧的，虽然老师提供的这条路他们之前都走过，而且毫无问题，但是当蒙上眼睛后，前面的路从原来看得见变成了看不见，自己可以依靠的是原先的记忆和同伴的帮助，所以男孩子出现了"紧握同伴的手""哆哆嗦嗦地跨出一步"等现象，这些都说明他内心的恐惧。

（2）自信：当男孩在同伴的帮助下第一次成功落在轮胎上后，男孩对同伴产生信任的同时也有了一些自信，而之后顺利地走过前三个轮胎，又让这份自信增加了不少。

（3）不自信：当男孩走到第四个轮胎时，因为轮胎间存在高低落差，难度系数增加了，所以男孩在初步尝试险些摔倒后，自信逐步降低并又一次产生了恐惧感，尤其是当老师提供的帮助——"一把拎过去"和男孩的预期不同，且差一点让男孩又一次跌倒时，他变得更不自信，甚至不相信老师。

（4）恐惧：之前一系列的感受，让此时的男孩内心极其恐惧，所以他在走接下来的几个轮胎时走得很慢。因为他的不自信和不信任他人，让他已经无法在蒙着眼睛的情况下继续前行，所以他选择了停下来，"掀开眼罩看了看前面的路"究竟是如何的。

（5）克服恐惧：当男孩掀开眼罩后，他看到了前面的路况，这是他对自己的心理调适，同时也借此机会对路况的安全系数进行了评价。所以他又一次蒙上眼睛，迈开大步走完了剩余的路。

2. 导致幼儿心理变化的原因

男孩如此复杂的心理历程，无外乎是受到外部干预和条件变化的影响。影响一：同伴的口令。男孩一开始是信任女孩的，但或许是由于女孩没有说清楚要求而导致他没有顺利跨到叠高的轮胎，此时他开始有点不信任并失去了信心。影响二：教师的指导。教师的介入让男孩又恢复些自信，但是当老师突然拎起他且险些让他摔倒时，他由不自信开始变为恐惧。影响三：眼罩的变化。当幼儿在不信任和不自信的心理感受下，他连最简单的路也走不踏实，所以最终掀开了眼罩，看到了前面的路，而这一变化使他了解路况的同时调整了心理，变得有自信了，并最终克服了恐惧。

思考建议：

1. 不仅关注物质环境，还要关注幼儿心理

男孩由原来的不敢走到最后的顺利走完，其实物理环境没有变，变的是他的心理，所以教师在组织运动活动时，不仅要关注物理环境对幼儿行为的影响，更应该关注幼儿的心理变化，要给予幼儿及时的肯定和鼓励，让幼儿在习

得运动技能的同时获得强大的内心。

2. 充分尊重个体差异，让幼儿自行评估运动环境的适宜度

绝大部分有一定运动经验的幼儿都会对教师提供的物理环境进行安全系数的评估，当他们认为自己的能力足够完成此项活动时就会积极参与，但是当无法判断或者认为自己能力不足以完成任务时，则会放弃或拒绝参加。所以，教师在组织活动时既要考虑集体的要求，又要尊重个体差异，对于个别幼儿，可以允许他们通过改变活动材料来降低运动的难度系数，使运动的挑战度因人而异。

☆ 个案追踪组1：幼儿行为生活习惯

时间：2014年10月21日上午9：08—9：50

地点：松江区文翔幼儿园操场

对象：某大班一名中长发、胖乎乎的小女孩

年龄：5周岁

记录者：人乐幼儿园方艳

实录：

本次活动是一次高结构的运动活动，活动名称是"闯关达人"，共分为五个环节，以环节为载体，记录该幼儿在不同环节中的行为表现，以此分析该幼儿生活习惯是否良好。

环节一：单人平衡

胖妹妹站在队伍里，眼睛认真地看着老师，当老师提出在轮胎上走一圈时，她一边大笑，一边快速地从轮胎上通过。老师要求女孩子站黄色的轮胎、男孩子站蓝色的轮胎时，她和另外一个女孩站在了同一个轮胎上，她向右边看看又向左边看看，继续站在轮胎上，跟着老师的指令做动作。当老师发现后说："那边还有一个空的轮胎也可以站。"轮胎在第一排男生站的蓝色轮胎旁边，她看见后，马上从轮胎上下来跑到第一排的轮胎上站好，继续跟着老师的指令活动。老师要求幼儿自己的双手抱着脚，然后老师将整个人拎起来。当老师拎起胖妹妹时，她满脸微笑；老师放下后，她将手放在了嘴里，约2秒后拿出。

环节二：双人平衡

老师坐在轮胎上挡住了胖妹妹的去路，她停顿了2秒，从老师身后的轮胎上踩了过去，然后快速地走过其他轮胎，走完最后一个轮胎后大笑着跑起来，跑到队伍的最后站好。"狭路相逢"时，一个幼儿从胖妹妹对面走来，两人停

在了各自的轮胎上，她站在自己的轮胎上不动，对面的幼儿从她旁边通过后，她再继续往前走。下了轮胎后，她把手放在了嘴巴里用牙齿咬，2秒钟后手从嘴巴里拿了出来。当她看见别的幼儿在过轮胎上的障碍时，她马上喊："加油加油！"老师说给他们鼓励，她立刻拍起了手。然后，她的手又放在了嘴巴里，咬了2秒钟后拿出。

老师要求两两结伴，一名幼儿做"拐杖"，一名幼儿做"盲人"。胖妹妹很快找到了伙伴，做"拐杖"。她一只手高高抬起扶着同伴的手臂，把同伴慢慢地引到轮胎路前，她说："往前跨。"看到前面还有小朋友，她又说："等一等。"同伴不往前，她的眉头皱了起来，用自己的另外一只手往前面的轮胎上连续拍了三下，示意同伴往前跨。

环节三：集体平衡

幼儿开始搭建轮胎山。胖妹妹马上用双手把一个轮胎抱了起来，踉踉跄跄地把轮胎搬到了老师指定的地方。老师示意将原处的轮胎也搬过来，她看见后，马上转身跑到轮胎的前面，用手将轮胎立起来，然后两只手交替推轮胎，滚到了轮胎山下。放下轮胎后，她用手将自己的头发顺在耳后，头上和脖子上都有了汗珠，脖子里还粘上了几根头发，然后又将手指放到嘴里咬了一下并拿出。轮到她上轮胎山了，她一脚跨上轮胎山，然后转身用自己的手将身后的幼儿拉了上来。下来时，她双脚跳下，用手拉了拉裤腰，并将脖子里的头发往外撩。

环节四：挑战自我

老师要求幼儿依次登上轮胎山，介绍自己最大的本领。当其他人在登山时，胖妹妹在原地等待，用双手将头发撩起并握住，双手放下后，头发又贴在了脑后。轮到她时，她双脚交替，一步一步跨上轮胎山，站上最高峰后，她大声说："我最大的本领是溜冰。"然后从轮胎山上走下来，跑到队伍中。她用双手撩头发，把头发往上撩，和旁边的幼儿交谈。双手放下后，过了5秒钟，又用双手撩头发。

环节五：放松整理

老师组织集体擦汗。胖妹妹来到毛巾桶前，拿了一块毛巾，先擦脸上的汗，后又擦了擦脖子，然后将毛巾给了旁边的幼儿，自己撩起衣服弯下了腰，同伴在她背后擦了一下，并将毛巾还给了她。她拿过同伴的毛巾，将毛巾拿在手里在同伴的后背上也擦了一下，然后还给同伴，将自己的毛巾摊平后放在了毛巾桶里。马上转身排到队伍中，用嘴咬了一下手指。

分析：

根据该幼儿在活动中的表现，参照运动中的生活观察要点，分析如表2-3、表2-4所示。

表2-3　幼儿表现分析表

观察板块	内容	具体表现
运动习惯	1.运动兴趣：高	该幼儿参与活动的全程都是面带微笑 积极参与活动，目不转睛、全力以赴
	2.运动方式：多样	在轮胎上能单脚站立、快速通过、大步跨上轮胎，并能主动搬运轮胎进行器械组合
文明习惯	1.文明礼仪：好	会等待：在活动中排队等待时，她都能在队伍中静静地等待 会谦让：在遇到两人站同一个轮胎时，她能主动让出，选择另一个轮胎 会鼓励：能主动用"加油"、拍手等方式给同伴以鼓励
	2.交往合作：好	会帮助：在爬轮胎山时能主动拉身后的同伴 会引导：能用语言引导蒙眼的同伴在轮胎路上前进 会合作：能两个人合作搬轮胎，能互相擦汗
	3.遵守规则：好	听指令：能按照老师的要求进行闯关 排好队：能自觉在活动中进行排队
	4.自我认同：高	从运动中的敏捷性、与同伴合作的自信、介绍自己本领的声音，都可以看出她喜欢运动
安全习惯	1.运动安全：意识高	懂得避让：当老师挡住了她的去路时，会从老师身后绕过再前进 自我保护：当她做"小盲人"时，会先用脚进行试探，然后再跨出去
	2.个人卫生：待改进	将手放在嘴里，用手撩头发（具体见个人卫生表）
自理习惯	1.个人自理：待提高	没有主动擦汗的意识，活动中她已经很热了，在老师提醒热的小朋友去擦汗时，她并没有去 互相帮助擦汗的方法不正确，只是简单地在同伴背上一抹就完事了
	2.简单劳动：无体现	老师没有组织幼儿整理器械

表2-4 个人卫生表

内容	次数	时间
手放在嘴里	5	10秒
手撩头发	4	25秒

对策：

根据对该幼儿在整个活动中的观察，可以发现，她在运动中的生活习惯是比较好的，特别是运动兴趣、文明礼仪、交往合作等方面。但在个人卫生和个人自理上还有待改进和提高，具体措施如下：

1. 运动前，整理仪表，建议将幼儿的头发扎起来。幼儿的头发长度正好是在肩膀上面，应该可以扎起来。运动出汗后，头发都贴在脖子上很不舒服，所以在环节三后，她开始不停地撩头发。

2. 运动后，个别交流，了解手放在嘴里的原因。在活动中，幼儿总是将手放在嘴里咬，老师可以观察一下幼儿的手，然后再询问一下她手放在嘴里的原因。教师可以在之后的活动中留意幼儿手放在嘴里的问题，尽快将这个习惯纠正过来。

3. 日常中，观察指导，培养主动擦汗的习惯。教师可以针对主动擦汗的问题进行专门的讨论，抓住典型，树立榜样，逐步养成。

☆ 个案追踪组2：教师行为指导有效

时间：2014年10月21日

地点：文翔幼儿园室外场地

对象：一男一女两个幼儿及执教老师

年龄：6岁

记录者：大学城幼儿园曹娜

实录：

（闯关顺利通过第三关后，进入第四关：我相信你）

教师："现在我们两个朋友一组，一个小朋友戴上眼罩，一个小朋友不戴眼罩，不戴眼罩的小朋友帮助戴眼罩的小朋友通过轮胎，然后交换再来一次。"

幼儿分两组开始闯关，前一小半幼儿都比较顺利地通过。这时，上来一个女孩，她走上轮胎后右脚先跨出一小步用脚尖进行试探，她用脚尖点了两三下后仍然没有移动到下一个轮胎上。她的同伴——一个小男孩开始大声发出指令："跨，跨，跨，快点跨呀，快点……"女孩再次用脚尖点前方的轮胎，男孩用力拉引女孩，女孩跨到下一个轮胎。之后的几个轮胎都用这样的方式通过。在通过五六个轮胎到执教老师附近时，桂老师伸出手拉着女孩的手和男孩一起帮助她。桂老师第一次用拉住女孩的手的方式帮助女孩通过一个轮胎；之后桂老师又使用了脚勾脚和手扶脚相结合的方法来帮助女孩。还有四五个轮胎就要到终点的时候，正好在女孩之前的一组幼儿到达终点，桂老师大声对已经达到的幼儿说："恭喜你们完成任务。"然后对大家说："给他们一点鼓励。"

分析：

1. 分析女孩

从蒙住眼睛走轮胎来看，这个女孩做事比较细致谨慎，对自己没有把握的事不莽撞行事，但是过度的谨慎略显胆小。同时，她在蒙住眼睛借助同伴指令走的经验不足，对同伴的信任度不够，所以在游戏过程中缺乏安全感。但是，她对游戏的规则理解还是比较清晰的，也能比较严格地按照规则进行游戏。因此，她在遇到困难时，也没有向老师或者同伴求助。

2. 分析男孩

对游戏规则比较清楚，也很热衷于玩这个游戏，过程中他比较强调女孩动作快一点，可能是希望女孩结束后能赶快交换角色自己进行游戏，这也比较符合幼儿的年龄特点。他让女孩先玩已经表现出谦让。在做"拐杖"的过程中方法比较单一，如果能将指令更加细化就更好了。如提示，跨一大步还是跨一小步，向前跨还是向侧跨，还有，如何让自己这根"拐杖"给同伴以安全感，这一点比较难，如果没有老师的提示，应该说很少有幼儿会想到。

3. 分析教师

桂老师和幼儿的互动比较有效。互动过程中，采用了比较多元的方式：语言的互动（如"恭喜你们完成任务""给他们一点鼓励"），肢体动作的互动（如手扶手、手扶脚、脚勾脚等）。桂老师善于肯定幼儿在过程中的成功之处，对幼儿自信心的增强和参与活动的积极性有很大帮助。同时他很细心，能够敏锐地观察与发现活动中幼儿的活动情况和需要，及时给予较适宜的帮助与指导。从教师的语言和动作可以看出，教师在师幼互动方面做了比较细致的思考。而且，他和这组幼儿的互动不是一次性或间断的，而是一个链状、循环的连续过程。但是，互动中教师对一名幼儿的单向互动较多，师生之间双向互动和教师促进生生互动较少。

对策：

我们在预设和组织活动时，对师幼互动的形式、互动的程度等方面都可以再细致一些。对于以上案例，我们可以尝试以下调整：

1. 放大"给他们一点鼓励"这句话，加深互动程度，丰富互动形式。教师激励的语言能给予这个女孩很大的支持，我们不妨把支持做大做深。一方面教师可以多给予这样的语言支持；另一方面可以促进幼幼互动，引发多种互动形式。可以引导其他幼儿给予同伴精神上的鼓励，让已经完成任务的孩子对还没有完成的、胆小的朋友大声鼓励："×××，加油！×××，真勇敢！"相信听到老师和同伴的呼喊声，那些胆小的孩子一定会感受到同伴的关心，变得更勇敢。

2. 增加互动讨论："你有什么好方法能让她更准确地跨到下一个轮胎上吗？指令能更清楚一点吗？"让师幼互动引发更高效的生生互动。这个游戏的规则就是一人发指令一人来执行，那么指令是否清晰是比较关键的。所以，当发指令的幼儿指令单一、含糊时，教师不妨给出建议，帮他理一理思路，促进他们之间更好地互动与合作。如果可以的话，还可以提示同伴间给予精神上的鼓励，如："她有点担心，我们可以对她说点关心的话吗？"因为，从开始到结束这个过程还是很漫长的，女孩本身已经很紧张，所以对她说："没关系，我们慢慢走！"这样会很暖心。这个调整可以放在活动前的要求中，让幼儿在活动前就明确指令清晰的重要性；也可以在幼儿活动的过程中，根据本班幼儿的特点和经验进行进一步的观察与指导。

☆ 行为检核组：幼儿行为生活习惯

时间：2014年10月21日

地点：文翔幼儿园室外场地

观察对象：16名大班幼儿

观察者：岳阳幼儿园张准，实验幼儿园鹿爽、杨超群，洞泾幼儿园邵昆，荣乐幼儿园戎伦、松江区教育学院徐吉来、白云幼儿园张洁

整理者：洞泾幼儿园邵昆（见表2-5）

表2-5　运动中幼儿（生活）行为观察检核结果

分工	内容	观察要点	记录			
			是		否	
			人数	百分比	人数	百分比
任务一	运动习惯	是否愉快参加活动、主动活动身体	16	100%	0	0%
		是否乐于尝试不同的运动器械，充分活动身体	16	100%	0	0%
任务二		多种肢体动作协调、平衡	16	100%	0	0%
		运动器械组合，尝试新玩法	16	100%	0	0%
任务三	文明习惯	能否大方应答、主动回应	16	100%	0	0%
		能否相互礼让、不推不挤、不争不抢	15	94%	1	6%
		能否在行走或奔跑时不横冲直撞	16	100%	0	0%
		能否主动找同伴一起运动	16	100%	0	0%
任务四		在活动时是否干扰他人	0	0%	16	100%
		同伴遇到困难或求助时是否愿意帮助	16	100%	0	0%
		寻求帮助或想与同伴一起玩时是否礼貌地提出	16	100%	0	0%
		与同伴遇到矛盾时能否协商解决	13	81.3%	3	18.7%
		犯错时能否不推卸责任或指责他人	15	94%	1	6%
任务五		是否自觉遵守运动规则	16	100%	0	0%
		能否知道自己运动中的喜好	16	100%	0	0%
任务六	安全习惯	对运动环境的变化能否做出反应	16	100%	0	0%
		遇到危险能否主动避让	16	100%	0	0%
		能否安全使用各种运动器械	16	100%	0	0%
		知道自己不适或受伤，能否立即、主动告诉老师	——	——	——	——
		能否有意识穿适宜运动的鞋子与衣裤参加运动	16	100%	0	0%

续　表

分工	内容	观察要点	记录			
			是		否	
			人数	百分比	人数	百分比
任务七	自理习惯	是否知道出汗时脱衣，能否独立完成	—	—	—	—
		能否整理脱下的衣物，放于指定处	—	—	—	—
		能否自己主动擦汗等	6	37.5%	10	62.5%
		爱护器械、物归原处	0	0%	16	100%

分析：

本次我们评价组共有7项主要任务，包括24项观察要点，根据观察要点，我们有针对性地对幼儿进行观察得出以上数据。从分析的数据来看，其中有16项达成度是100%，占总达标率的66.7%。从这点可以得出，本次活动幼儿的达标率是很高的。

本次活动幼儿达成度比较高的项目主要集中在运动习惯和安全习惯两项，相对比较欠缺的主要集中在文明习惯和自理习惯两项，其中特别是任务三、任务四和任务七的达成度比较低，但我们认为这只是个别孩子的行为，并不能代表整体幼儿水平，并且出现该行为也是活动中不可避免的。比如以下几种情况：

第一，在任务三文明习惯一项中的"能否相互礼让、不推不挤、不争不抢"，有15人能做到，只有1人出现争抢、推挤的现象，但接下来在别人的提醒下他也有所改正。分析该幼儿的行为是出于对活动的兴趣比较高，迫切想参与到活动中，因此，该行为也是情理之中的。

第二，在任务四文明习惯一项中的"与同伴遇到矛盾时能否协商解决"，有13人能做到，有3人在开始时有争议，但在后来的活动中也能够解决问题，顺利进行活动。分析认为，根据幼儿的年龄特点，大班幼儿在与别人的看法不同时，敢于坚持自己的意见并说出理由，这一点对大班幼儿而言是普遍存在的。但与同伴发生冲突时能自己协商解决，对于大班初期幼儿还是需要一定的缓冲期的，并且，幼儿的发展水平各不相同。因此在发生矛盾时不能马上解决也是正常现象。

第三，同样是在任务四文明习惯一项中的"犯错时能否不推卸责任或指责他人"，有15人能做到，有1人出现指责他人的行为。分析同前，个别幼儿出现类似行为也是正常的。

第四，在任务七自理习惯一项中的"能否自己主动擦汗等"，有6人主动擦汗，有10人要在教师的提醒下擦汗。这毕竟是一次高结构活动，一方面，幼儿很专注地参与活动中，注意力高度集中，而忽视了擦汗环节；另一方面，在高结构活动中，幼儿已经习惯要在教师的统一提示下去擦汗。因此，幼儿没有自主擦汗，没有建立这样的常规意识也是情理之中的。

第五，在任务七自理习惯一项中的"爱护器械、物归原处"，由于活动结束后，教师并没有对幼儿提出整理的要求，而是直接带领幼儿回教室了。因此，此项的达成率为"否"100%，但并不能代表孩子的行为习惯不好。

总之，此次活动是一次高结构活动，教师高控得还是比较多，因此许多观察要点所对应的现象并没出现。如果是一次低结构的运动活动，或者在活动中教师能给予孩子更多的自主空间，那么根据观察要点就会观察到孩子更多的行为，所得到的数据的可能性也会更多，从而对幼儿行为的评价就会更准确。

互动，提供有效支持

　　师幼互动质量直接影响幼儿园生活活动质量。这是幼儿教师行为直接的体现，也间接反映出教师的儿童观、课程观、价值观等。生活活动中的师幼互动是指在幼儿园各类生活活动中，教师和幼儿之间的双向人际交往，是教师和幼儿之间相互作用、相互影响的行为过程，具体指向双方对彼此语言、行为、情感意义的理解和反馈。

　　在幼儿园生活活动中的师幼互动不仅是师幼双方交互的过程，还包括相互作用的背景、内容、机制和结果等，涉及师幼关系在此过程中的作用与影响等（见表2-6）。生活活动中的师幼互动幼儿与教师互为主体，相互影响，并且呈现出连续性。

表2-6　积极有效师幼互动的要素及其基本原则

要素	基本原则
互动时机	适时性
互动主体	并重性
互动内容	全面性
互动方法	适宜性
互动效应	正向性
	有效性

　　生活活动中，师幼有效互动既是幼儿园生活教育的核心，也是师幼共同成长的过程。

一、生活活动中建构师幼有效互动的对策与建议

1. 建立平等和谐的师幼关系

（1）满足幼儿需求。

（2）深入幼儿生活。

2. 构建积极有效的师幼互动

（1）准确判断师幼互动的时机。

（2）按需确定师幼互动的内容。

教师主要以支持、指导、评价幼儿为主要互动内容，指向幼儿如下生活经验：

①有规律地作息，积累文明生活的经验。

②学习保护自己，体验健康安全生活的重要性。

③适应集体生活，感受共同生活的乐趣。

④学做自己的事情，积累自理生活的经验。

（3）灵活选择师幼互动的方法。

人际互动：

①从形式上——个别、小组、集体等互动。

②从方式上——语言、非语言、媒介等互动。

环境互动：

（略）详见本工作室"环境，让生活更有品位"专题研究。

有效师幼互动不仅为幼儿创设与提供了健康、安全、愉快的生活环境，满足他们多方面发展的需要，更让每个幼儿在主动积极的活动中感受到教师对他们的尊重和关爱，使他们在被尊重、被赏识的生活过程中体验到自尊感和被支持感，产生更强烈的互动动机，从而使他们在快乐的童年生活中不断积累有益于身心发展的经验。

二、案例分享

一组"此时无声胜有声"的互动

观察时间：2015年1月15日

观察地点：某幼儿园大一班

观察者：人乐幼儿园方艳

观察实录：

片段一：一小女孩刚洗完手从盥洗室里出来，直接走向了点心区。老师发现后，一手轻轻地放在她的肩膀上，一手指向旁边的杯碟区。女孩马上改变了方向，走向了阿姨的餐车，取了杯子和碟子重新来到点心区吃点心。

片段二：一男孩已经坐在桌子边吃着点心，老师低下头、弯下腰轻声对他说了些什么，男孩把手里的饼干放进嘴里后，用右手将左手上撸的袖子拉了下来。

片段三：一男孩在吃点心时将牛奶洒在了桌子和衣服上，老师弯下腰对旁边的一个小男孩轻声说了几句话，该男孩马上拿起桌上的抹布将桌子上的牛奶擦干净。老师则快步走到盥洗室门口拿了几张纸巾，又回到洒了牛奶男孩的身边，用餐巾纸将他衣服上的牛奶擦干净。男孩低头看了一下，脸上马上放松了。

分析：

整个活动观察下来非常安静和有序，幼儿非常自主和独立，教师和阿姨的语言都非常少，我们几乎听不到她们说了什么，但是，这恰恰说明师幼互动非常有效。

1. 互动时机巧掌握。从上述三个片段中，发现每次都是幼儿出现小问题时产生了师幼互动：

当幼儿忘记拿杯碟时；

当幼儿的袖子没有撸下来时；

当幼儿将牛奶洒在桌上时；

当幼儿的衣服上洒到牛奶时。

从互动时机我们可以发现，教师只有真正地观察幼儿，才能把握有效的互动时机。当幼儿出现小问题或有需求时能马上发现并进行正确和适当的引导，使幼儿的点心活动顺利开展，体现品质。

2. 互动方式显成效。以上三个片段中，教师的互动方式有语言和非语言。语言方面，教师都是轻声说话，提醒幼儿撸袖子、擦桌子等；非语言方面，教师主要是用动作进行，如手轻轻放在幼儿肩上、手一指、擦衣服等。其中，在整个互动方式上非语言的比例大于语言的比例，说明师幼互动的水平很高，已经从语言升华到非语言，师幼之间很有默契，师幼关系很和谐。

3. 互动主体透尊重。在记录的三个片段中，师幼互动的主体都是教师。生活是养成性教育，教师应帮助幼儿养成良好的生活习惯，所以在今天的点心环节中，师幼互动大都是由教师发起的。但是，在教师发起的师幼互动里都流露着教师对幼儿的尊重与关爱。教师发现问题后，都是个别交流，俯身交流，轻声述说；当发现幼儿的衣服洒上牛奶后，教师快步拿纸巾帮助幼儿将衣服擦干净，而不是让幼儿自己去擦，因为幼儿与纸巾的放置点有一定的距离，以免衣服更湿。

启示：

1. 非语言，有效。非语言的方式在师幼互动中非常重要，有时候比语言更有效。一是能让整个点心的环境很安静，让幼儿养成在安静的环境中用餐，以后他们在用餐时不会大声喧哗，养成文明的进食习惯。二是能让幼儿感受到老师的亲近与关爱。动作会产生轻微的身体接触，幼儿能真切地感受到来自教师的关心。三是非语言是语言的升华，体现互动艺术。非语言的师幼互动透露着智慧、默契与尊重。

2. 轻声说，品质。师幼互动中语言是必不可少的，特别是在生活活动中。每个幼儿的能力和情况都不一样，所以老师语言的指导必不可少。怎么说却大有文章。轻声说、个别说都是老师的智慧和对幼儿的尊重。

观察者：泗泾第三幼儿园戴晓蕾

观察实录：

走进大一班教室，一半幼儿已经有序地开始吃点心活动了。共分成4个组，3个组吃点心，1个组拿取点心。另一半幼儿进来很主动地挥手和客人老师打招呼，整个过程中幼儿没有一点声音，排队、洗手、拿取点心、完成，非常温馨、安静。在吃点心活动快要结束的时候，只见一个身穿蓝色背心的男孩着急喝完最后一口牛奶。老师马上跑了过去，指了指桌子说："你看到这里脏了吗？该怎么办呢？"然后引导幼儿去拿取桌子中间的蓝色毛巾擦桌子，这时男孩嘴上残留的牛奶还在不停地滴在衣服上，老师拿取了两张纸巾帮忙擦男孩衣服上的牛奶。除了这个吃点心活动中的小插曲以外，两位老师都没有任何指导。

分析：

这个片段只是一个很小的插曲，体现了师幼互动，这一片段的互动引发了笔者的思考：

第一，是不是有对话就是师幼互动？从字面上理解"师幼互动"重点在"动"，日常的师幼互动，我们常常以对话、动作等方式指导幼儿进行适宜的行为。偏偏在以上片段中，全体安静，只有轻柔的音乐、温馨的环境、幼儿的有序，那么我们是不是说其中就没有师幼互动。其实不然，"此时无声胜有声"。我们反思无声的背后究竟是什么？是常态，是有序，是智慧，看得出日常孩子们就是这么做的，老师已经把有形的指导化作无形的常规。我们赞扬这样的无声式指导，可能是师幼互动的最高境界。

第二，是不是有需要就要师幼互动？当看到孩子面前桌子脏的时候，老师适时的提醒，并且及时帮助幼儿擦拭衣服上的牛奶。作为大班的孩子，其实可以自己完成自我服务，老师此时的提醒有点多余。或许出于好心，但剥夺了孩子自我服务的能力。

建议：

1.介入更适宜。老师可以在观察后不急于向幼儿指出问题，以动作或者眼神的方式暗示幼儿，其实也是一种互动的方式，对于大班的孩子来说更适宜，更能激发他们的自我服务意识。

2.细节再完善。老师帮助的背后其实是因为纸巾放置在卫生间门口，离幼儿点心区的距离有些远，所以幼儿来不及拿取纸巾后进行擦拭。建议老师在离点心区域较近的位置放置纸巾盒，这样孩子能更加便利。

观察者：白马幼儿园朱晓燕

观察实录：

实录一：我来帮助你

盥洗室里，孩子们正在洗手。只见一个女孩正在使劲地往上拉袖子。但是，她发现今天衣服穿得很多，而且，外套的袖口又小、袖子又紧，尽管她已经使了很大的劲，但是袖子也只能拉起一点点，看着同伴们一个个都洗完出去了，她有点着急。此时，她身旁的一个女孩看到了，走到她旁边，一手拉着她的手，一手帮忙推她的袖子，袖子总算上去了。这时，老师什么也没说，笑着轻轻拍了拍两个女孩的肩。

实录二：被遗忘的椅子

孩子们正安静地吃着点心，孩子们吃完点心，都会有序地把椅子推进桌子底下，然后将杯子放到指定处。吃点心活动已经进行到最后几组孩子了，一男孩吃完点心，刚拿着杯子想走，抬头看到老师，老师做了一个向前推的动作。于是他转过身，将杯子放在桌上，将他刚才坐的小椅子轻轻地推到了桌子下，然后拿着杯子离开了。

分析：

在以上两个案例中，我们看到，在培养幼儿生活态度、生活习惯、生活能力的过程中，教师的指导是无声的，而这样的指导却是有效的。

1.微笑传递表扬。在实录一中，卷袖子的小女孩遇到了困难，教师没有直接介入去帮助，而是默默地观察，她想观察孩子是否能独立解决这个问题，或者是否会向他人求助。然后，同伴的主动帮助顺利地解决了这个问题。看到同伴间的互助，教师一方面是喜悦的，另一方面她希望这样的友好互助关系能得以延续并传递到更多人的身上。于是，教师用微笑、轻拍肩头的方式让孩子感受到了老师的赞赏，相信她们会把这种正能量继续传递。

2.动作表达提醒。幼儿习惯的养成是日积月累的，具有反复的特点。实录二中，男孩忘记了将小椅子推到桌子下，教师发现这一情况后，并没有用语言提醒，因为教师了解这个孩子，他并不是不知道该如何做，只是暂时忘记了。教师也没有替代幼儿去完成推椅子的动作，孩子的习惯养成是在亲身体验中完成的，而且习惯的养成必然是在多次练习后形成的。于是，教师做了一个小小的"推"的动作，给了孩子足够的暗示，孩子欣然接受，并完成了吃点心后的整理。

反思：

我们在培养幼儿良好的生活习惯时，不能"一刀切"。面对不同生活能力、不同生活经验、不同年龄段的孩子，教师应采用不同的互动方式进行指导。

1.给互动做加法。对于生活能力弱、生活经验缺乏、小年龄段的孩子，教师可以采用多帮助、多指导、多提醒、多鼓励等方式进行互动，而且，教师的语言指导往往与非语言指导并用，多管齐下，使孩子养成良好的生活习惯。

2.给互动做减法。对于生活能力强、生活经验丰富、大年龄段的孩子，教师可采用少帮助、多观察，少说话、多暗示，少批评、多鼓励的方式，在幼儿遇到困难时，规则遗忘时，给予指导，效果会更佳。

观察者：蓝天幼儿园金晶

观察实录：

片段一：在幼儿园某大班盥洗室里，一个小女孩上完厕所走到洗手池旁洗手，老师关注到她当时没有披好上衣，于是在她洗手时，轻轻地走到她身旁，用手摸了摸她的小肚子，并微笑着朝女孩点点头，示意别忘了披上衣。

片段二：女孩继续洗手，而这时盥洗室里的小朋友都洗得差不多了，老师也转移到餐厅，她一边在餐厅观察指导孩子们吃点心，一边转过头去观察盥洗室里洗手的女孩，女孩意识到老师始终在关注她，加快了洗手的动作。

片段三：老师已经从餐厅来到教室内观察指导幼儿的自由活动，基本上孩子们都已经吃好了点心，这时老师重回盥洗室，那个女孩正在披上衣，这里拉拉，那里塞塞，可始终不尽如人意，于是老师上前帮助女孩披好上衣。

分析与思考：

片段一"摸肚子"，老师在师幼互动中用了动作、表情的暗示，她用手摸了摸女孩的小肚子，并微笑着朝女孩点点头，暗示女孩别忘了披上衣。

片段二"眼神交流"，虽然老师离开女孩来到餐厅，但实际上老师并没有真正离开女孩，她的眼神始终停留在盥洗室的女孩身上，与女孩进行眼神的交流。这里蕴含着安全与默契，首先从安全的角度出发，老师继续关注着她。同时也是长时间师幼之间形成的默契度，老师的眼神可能是在提示着女孩。

片段三"直接帮助"，基于季节性原因，天气寒冷，也基于老师对孩子的了解，虽然已经过了一段时间，但女孩始终没披好上衣。个人觉得老师在这里对女孩的帮助不为过，因为女孩已经自我服务了一段时间，生活教育是养成性的教育，不同的幼儿所能达到的能力是有差异性的，今天在这里老师是直接帮忙了，相信她以后还会通过各种方式进行个别指导，帮助女孩积累披上衣的经验，学会生活。

感悟：

在今天这三个片段中，将所看到的互动进行梳理（见表2-7）。

表2-7 互动梳理表

互动形式	互动主体	互动内容	互动方法	互动时机	互动效应
师生互动	教师、幼儿	披上衣	肢体动作、眼神、表情	无处不在、时时刻刻关注	兼顾全体、关注个别

有这样一句教育名言："当你出现在儿童视线中的那一刻起，你与他们的沟通也就开始了。"的确，沟通无处不在。它所涵盖的不仅是语言上的交流，更包括了肢体动作、眼神、表情等多种非语言的交流方式，要实现积极有效的师幼沟通，用多种方式必不可少。

在上述生活案例中，老师秉承了宽容、追随的互动原则，读懂幼儿，等待幼儿自主服务、自我成长，当幼儿基于各种原因确实需要帮助时，老师适时出现伸出了援助之手，满足了能力较弱孩子的需要。在整个过程中，老师虽然没有说一句话，但老师的爱犹如融融暖阳自然而然地、悄无声息地温暖着孩子们。

观察者：泗泾幼儿园徐文

观察实录：

实录一：大三班的孩子分组盥洗中，一"背心男"走到水池前准备洗手，当他正要打开水龙头时，回头看了老师一眼，老师看了看他的袖子，又看了看他，突然"背心男"像想到了什么似的开始卷袖子，当他快卷好的时候，又看了老师一眼，老师给了他一个会心的微笑。"背心男"开始正式洗手了，洗完手后他笑着走出了盥洗室。

实录二：洗好手的"背心男"走出盥洗室来到吃点心区域，这里特别安静，"背心男"走到取杯碟的地方排在了另一个孩子后面，稍稍等了一下就轮到他了。他轻轻地取好杯碟，抬头看了看站在一旁的老师，老师对着他点了点头，他走到最近的餐桌旁开始取饼干、倒牛奶、吃点心。

思考（见表2-8）：

表2-8　互动方式与意识表达

教师的互动方式	所要表达的意识（作用和效果）
一个眼神	1.询问式眼神：看看，你是不是什么事情忘记做了？（启发引导） 2.皱眉式眼神：这样做可不好，不要这样。（制止否定） 3.含笑式眼神：你做得对，真棒！/老师很爱你！（肯定、爱的表达）
一个微笑	看起来真不错，你做得非常好！老师很爱你！（礼貌、肯定、爱的表达）
一个点头	你是对的！/这样可以。（肯定、默许）

对于已具备基本自理能力的幼儿来说，有时语言、行动上的干预和指导往往让幼儿感受到的不是平等、尊重、关爱，而是不信任，而且老师这种"公布于众的指导"会让被指导者觉得不好意思，有一种受挫感。长期在这样的环境中生活，处处听到的是老师的提醒、时时都有老师的帮助，这些显然不利于孩子的发展，更不利于他们形成独立自主的性格。相反，教师用一个眼神、一个微笑、一个点头取代语言，不但能让幼儿提高自我意识，而且这样安静、文明、平等、信任的环境，更能让幼儿感受到教师的用心、用情、用爱。

盥洗室的故事

观察时间：2015年1月15日

观察地点：某幼儿园大三班

观察者：白云幼儿园张洁

观察实录：

片段一：第二组的孩子陆续走进了大三班的盥洗室，一小男孩费力地在卷衣袖，曹老师看见了马上走过去，帮忙把他的袖子卷高。这时走进盥洗室的孩子越来越多了，曹老师对一小女孩说："'服务员'，帮忙来看下。"女孩径直走到那个小男孩跟前，再次帮他把袖子拉高。接着，老师和"服务员"都在帮助一些有需求帮忙卷袖子的孩子，老师不停地用语言提示着：看看谁的袖子还需要帮忙吗？

片段二：曹老师不断地观察着盥洗室中的孩子，这时发现一个男孩在擦手时把小毛巾团在一起擦手。老师轻轻走过去，用了个手掌摊平的动作引导男孩把毛巾摊平，男孩会意地点了点头，马上调整了自己的方法，老师朝他投去了微笑的眼光。

分析：

整个片段虽然只有几分钟，但包含了一些巧妙的互动。首先，老师能关注孩子的需求——天气冷了卷袖有困难，由老师为互动的主体对个体幼儿进行互动。其次，当老师发现有需求的幼儿越来越多时，以老师为主体对值日生发起了互动。再次，值日生对盥洗的孩子发起了生生互动，进行逐个检查和帮助。今天的值日生职责是分明的，工作是认真负责的，而且有一定的服务意识。最后，师生和生生全面互动。在整个片段中互动的主体和对象在根据不同的时机一直在调整，而互动的方式又是多种多样的，有语言的互动、动作的互动、眼神的互动等，互动的氛围是温馨的，互动的目的是明确的，就是关注孩子在盥洗室的需求和行为习惯，互动效果也较好。

思考：

在这短暂的师幼互动片段中，给我们以下启迪：

1.良好的互动要有目的

从片段中可以看出，今天曹老师的师幼互动有一定的目的性，通过自己的观察了解幼儿的需求后才发起互动，而且曹老师肯定对自己班级近阶段的情况有所了解，发现天气冷了卷袖子是幼儿的薄弱点，所以以此为目的进行互动。

2. 良好的互动要有策略

今天，当老师观察到大多数幼儿出现卷袖子困难的情况下，发现自己的互动来不及面对幼儿需求时，马上调整了互动的方法，让值日生配合自己与幼儿一起互动，老师在互动中运用了以点带面的策略，这样的互动可能更突出生生互动的效果。

3. 良好的互动要有过程

在整个老师和幼儿的互动中氛围是融洽的，老师不是否定、批评，而是耐心帮助，给予适时的鼓励。老师把孩子当成民主、独立、平等的主体，幼儿和老师之间已经形成了互动默契，只要轻轻的语言、眼神、动作的暗示便已经达到了互动的效果，而这种新理念下的互动关系并不是一朝一夕便能养成的，而是需要慢慢积淀，根据个体差异在不断摸索中寻找方法，才能形成今天看到的结果。

一举多得的师幼互动

观察时间：2015年1月15日

观察地点：某幼儿园大班

观察者：人乐幼儿园徐珺

观察实录：

餐厅里，温馨的音乐伴随着大班的孩子井然有序地进行着集体吃点心活动。4张餐桌中间站着一名戴着值日生牌子的女生。只见她来回巡视，认真照看着周围同伴吃点心，偶尔走到同伴身边，提醒同伴排队拿取点心。

站在盥洗室门口的教师一边关注着孩子们拿杯子的情况，一边向餐厅里张望。突然她好像发现了什么，轻轻走到值日生身边弯下腰和她耳语。只见值日生随着她的话语看向一个坐在餐桌边即将吃完点心的蓝衣男孩——那男孩此时正一手拿着喝完牛奶的空杯子，一手拿了最后一块饼干，开始细嚼慢咽。值日生轻声跟老师说："他把牛奶喝完了，忘记还要漱口了！"老师侧着头问值日生："这可怎么办呢？"值日生走近男孩，指了指男孩手里的杯子，也弯下腰，侧着身，轻声地对男孩耳语。然后回头看看不远处的老师，此时老师正微笑着注视着她。男孩吐了吐舌头："哦，我忘了！"值日生说："那你再倒点牛奶，下次可别忘了！"男孩点点头，拿起小奶壶为自己又倒了一点牛奶，吃完饼干后，用最后一口牛奶漱口。

分析：

大班幼儿的生活能力相对较强，需要的是教师持久的观察与指导来帮助孩子不断巩固养成良好的习惯。就如案例中的孩子忘记了漱口的环节，教师及时发现，适时地与值日生互动，引发了之后的生生互动，整个互动过程在一种宽松的氛围中帮助孩子调节了行为，增强了意识。具体过程分为以下几步：

1. 全面观察、个别关注

幼儿生活习惯的培养是一种养成性教育，需要日积月累。吃完点心要漱口这是对大班幼儿而言都能明白的道理，但在日常生活中这一习惯需要成人持久的引导。案例中的教师非常有心，在集体进行吃点心活动中能关注到全体幼儿的同时又能及时观察个别幼儿的点心情况。

2. 语言提示、表情鼓励

当教师发现蓝衣男孩在快吃完点心忘记用最后一口牛奶漱口这一生活习惯方面的问题时，没有直接向该男孩指出，而是来到小值日生身边，弯下腰，轻声在值日生耳边用语言提醒值日生，引发值日生做出判断，想办法帮助同伴解决问题。教师的语言提示法给予了值日生发现问题、独立解决问题的机会，针对同伴出现的问题模仿教师自主引导，提高了生生互动的有效性，增强了值日生观察、指导的工作能力。

3. 退居二线、跟踪关注

整个师幼互动过程中，教师的"退居二线"是一个亮点。她为幼儿点心创设了一个宽松的氛围，使忘记漱口的孩子能在同伴轻声、友好的提醒下更乐于接受建议，自主调整行为，增强漱口意识。

虽然教师"退居二线"，但她的眼睛始终关注着两个孩子。她从发现问题，到把问题抛给值日生，再到站在一边观察值日生的举动，关注孩子问题的解决情况——自始至终都站在幼儿的身后，把孩子作为主体推在前面，支持鼓励幼儿、持续关注着幼儿的举动与变化。相信她通过跟踪观察，能更进一步地了解幼儿解决问题、调节自身行为等情况，为后期进一步的指导提供了分析、判断的依据。

感悟：关注幼儿、及时回应、方式适宜、因需而异

教师关注每一个幼儿，积极运用语言提示、表情鼓励、"退居二线"、跟踪关注等方法进行师幼互动，激发大班幼儿主体意识，促成生生互动，从而更有效地助推幼儿发展。

其中"退居二线"的方法看似细小而不经意，却十分适合大班孩子。将互动的主体自然地从师生互动转变为生生互动，帮助两个孩子获得不同能力的发展，帮助教师自己进一步了解孩子的发展，达到了一举多得的效果。

可见，在幼儿生活习惯与能力的培养教育过程中，教师同样要基于孩子的年龄特点、已有经验和发展需求选用适宜的师幼互动方式，有效推进孩子的发展。

传递温暖，润物无声

观察时间：2015年1月15日

观察地点：某幼儿园大二班盥洗室

观察者：荣乐幼儿园戎伦

观察实录：

画面一：

在轻柔的音乐声中，点心活动开始啦！孩子们陆陆续续走进盥洗室开始洗手。这时，一个身穿黄色羽绒服的小男孩主动和老师打招呼："客人老师好！"此时，值日生伸出食指放在嘴前说："嘘！洗手的时候不可以说话的。"站在盥洗室门口的班主任老师看见这一幕，朝小男孩做了一个挥手的动作，小男孩立刻明白了，伸出小手对客人老师挥挥手，老师微笑着对他点了点头。

画面二：

前面的小朋友洗好了，轮到灰色羽绒服弟弟洗手啦！弟弟看看值日生，值日生正在帮助他人卷袖子，没注意到他，弟弟再看了看老师，发现老师正好朝这儿看过来，老师用手指了指自己的袖子，做了一个卷袖子的动作，弟弟不好意思地笑了笑，立刻卷起袖子，再开始洗手！

画面三：

其他孩子都洗完手去吃点心了，值日生妹妹看看盥洗室，又看看教室里，

确定小伙伴们都洗好手了，也去洗手。此时，教师走进来，刚想提醒值日生去洗手，当看到妹妹在洗手时，教师便不再多说了，对着妹妹微笑，妹妹也给了老师一个甜甜的微笑。

互动时机：

1.在"见到客人老师想要打招呼"和"盥洗室里不能说话"相矛盾时；

2.在幼儿洗手前忘记卷袖子时；

3.在其他幼儿洗好手后，提醒值日生洗手时。

互动主体：教师与幼儿。

互动内容：

1.文明生活：提醒幼儿在盥洗室用动作来打招呼。

2.自理生活：提醒幼儿洗手前要卷袖子；当其他幼儿都洗好手后，关心值日生可以洗手了。

互动方法：动作、表情互动

互动效应：

当"见到客人老师想要打招呼"和"盥洗室里不能说话"相矛盾时，教师运用动作来暗示幼儿，幼儿尝试运用无声的办法来表达对客人老师的礼貌。在幼儿忘记卷袖子时，教师也是运用动作来提醒幼儿，并达到了目的。在其他幼儿都洗完手之后，教师与值日生之间的微笑表情充满了彼此之间的默契。

感悟与思考：

观摩了大二班的生活活动后，笔者想用"悄悄""温情"来形容师生间的氛围。在自己的班级中，我们似乎已经习惯了用絮絮叨叨的语言来反复提醒幼儿，但是有时候孩子们似乎还不领情，收效甚微，而且也会显得教室里有点嘈杂。经过本次活动，我们惊奇地发现：原来，无声的语言，即教师的肢体语言、表情等充满如此之大的魔法，它不仅能让孩子们在"无声"中明白老师的意思，师生之间充满默契，而且也为整个教室营造了一种较为安静舒适的氛围。

将活动收获与班级实际管理相结合，笔者认为：对于中大班年龄段的孩子来说，在其一日生活中，教师无须事事都用语言来提醒，有时候，运用肢体动作来提示，运用微笑等表情来传递对幼儿的肯定，在这样的有声和无声相结合的师幼互动中，教师与孩子们之间的关系会更加平等民主、相互信任。

团起来的爱

观察时间：2015年1月15日

观察地点：某幼儿园大三班

观察者：原荣乐幼儿园范静、松江区教育学院陈莉

观察实录：

小Y吃完点心后，将盘子和杯子收拾好，轻轻地放进老师准备的桶内，径直走向放有餐巾纸的墙边，取了一张纸巾看着贴在墙面上的镜子擦嘴。擦完后走到边上的垃圾桶边，踩了一脚垃圾桶的踏板，准备把擦完嘴的纸巾扔进去。这时，站在旁边的曹老师轻轻地叫了小Y一声，并对其做了揉一揉的手势。小Y见后，把捏在手里的一张纸巾放在手心里揉了揉，直到它变成小纸团后再扔进垃圾桶里，才离开点心区去自由活动了。这时，又有一个幼儿吃完点心在擦嘴，在扔纸巾时也做了揉一揉的动作，再将团起来的纸巾扔进垃圾桶。观察者打开垃圾桶，发现桶内全都是揉成团的小纸球。

为了解缘由，观察者向带班的曹老师询问，得知原来孩子们每天擦嘴都习惯将纸巾直接扔入垃圾桶，但是平铺的纸巾很占空间，不一会儿垃圾桶就满了，保育员每天上午都需要倒两次垃圾。所以，曹老师以"保育员阿姨很辛苦，我们怎么做才能帮帮她"为话题，和孩子们一起讨论，最终孩子们自己想到了将用过的纸巾揉一揉、团起来以节约空间的方法，来帮助保育员阿姨减轻工作负担。

分析：

案例中，教师简单地用动作提示这样一个小细节，体现了师幼互动在大班幼儿生活内容中的大智慧。

1. 互动的内容价值大

教育树人，最大的突破是观念，此案例从互动的内容选择上体现了一种正向的大教育观——"从我做起，从小事做起，不给别人添麻烦"，正是此次师幼互动最大、最亮眼的价值体现。当幼儿关注到身边的小细节、小问题，教师能够和幼儿共同协商讨论出解决的方案，这种"勿以善小而不为"的理念，相信会潜移默化地成为习惯，逐步影响幼儿成长为善良有爱的个体。

2. 互动的时机把握准

幼儿处理生活内容的小细节稍纵即逝，需要教师用有心的眼睛时时关注。当幼儿在擦嘴巴后忽略了纸巾的揉团动作时，教师面对幼儿的无意疏忽，能及时关注与提醒，使得师幼互动的时机把握精准。

3. 互动的方法选取妙

一日生活对于大班幼儿而言，已是一种水到渠成的习惯巩固，作为师幼互动的主体之一，教师的作用更靠后、更隐性。此案例中，教师仅用动作提示，已能收到提示作用。

建议：

在观摩的过程中，观察者发现虽然大多数幼儿都能够自觉或在被老师提醒后团起纸巾，但是也有一些幼儿忘记团起纸巾直接扔入垃圾桶。为了让师幼互动的效益更大化，建议教师充分利用物化标记、合理利用值日生功能。

1. 充分利用物化标记

建构积极有效的师幼互动，除了最常见的"人际互动"以外，"环境互动"的作用也不容小觑。为了使互动的效益更大化，建议在垃圾桶上增加揉好纸团的相关标记或图示提醒。此类物化标记不仅还主动于幼儿，还能有效增加互动的全面性，发挥互动的最大效益。

2. 合理利用值日生功能

值日生除了常规的服务和管理工作外，也可以根据最近幼儿讨论的新规则调整值日生的工作职责。"团起纸巾再扔入垃圾桶"虽然是幼儿商量出来的决定，但或许不能被所有幼儿时刻牢记，所以在此阶段可以安排一位值日生站在垃圾桶边，提醒忘记或忽略物化标记的幼儿，一旦习惯形成后，温暖的善举才会真正成为幼儿的自主行为。

恪尽职守的值日生

观察时间：2015年1月15日

观察对象：两位教师、粉红妹妹（女，5岁，值日生）、盥洗室其他幼儿

记录者：松江区教育学院张乙晖

观察背景：

生活活动是幼儿园课程中重要的内容，孩子在共同生活中学做事、学做

人、学生存，做力所能及的事，爱上劳动。孩子通过值日生这项活动，学做自己的事、学会服务他人，是生活环节中不可或缺的内容。学做自己的事情，积累自理生活的经验，值日生可以让幼儿在园内经历力所能及的劳动体验，同时在体验为他人服务的乐趣中，激发幼儿爱劳动的情感、做事的责任感、尊敬劳动者的情感，让每个幼儿都爱上劳动。

为了了解班级值日生开展的情况，我们采用定点观察法，对大班运动后盥洗室里盥洗环节的师幼互动进行了观察，重点观察对象为两位带班教师、粉红妹妹、盥洗室其他幼儿。

过程记录：

片段一：

老师甲站在B地，一会儿看粉红妹妹，一会儿低头看走进盥洗室的孩子。发现孩子没有卷袖子，就做出一个撸袖的动作。一会儿看看排队领餐具的孩子，一会儿又看看吃点心的孩子。

粉红妹妹站在A地，身体向左或向右看着两侧的小朋友洗手。

4名弟弟朋友们站在左侧的洗手池边，紧紧地靠着台盆，静静地，偶尔看看客人老师，很快就收回目光，目不转睛地洗手。他们穿着厚厚的棉衣，每一个都重复着卷袖子、开水龙头、冲水、抹肥皂、搓手背手心和手指、冲手、甩一甩、小毛巾擦一擦等动作，每个动作都是一步一步地完成。

站在第二个位置的弟弟关上水龙头，手举得高高地甩了两下，粉红妹妹轻轻走到他身边，在他的耳边一边轻轻地说"×××，甩手请这样甩"，一边站到池前伸出手在洗手池内用力地甩了四下，接着侧身退出。弟弟点点头，把手放低在池盆里又甩了两下，抽出小毛巾一边走一边擦手，接着把小毛巾平展地放入小筐里。粉红妹妹又走回A地。

片段二：

盥洗室已经没有小朋友了，老师甲走近粉红妹妹，轻轻地说："没有人了，你也可以去吃点心了。"粉红妹妹按步骤一步一步地洗手、擦手，走出盥洗室去吃点心。

片段三：

粉红妹妹吃好点心，回到A地，盥洗室没有孩子，想玩，但要等第二组（运动后是分组进教室的），等会儿才有时间玩。

片段四：

第二组的孩子约两三分钟后到教室，老师乙站在B地，清晰而又温和地说："长袖变短袖！"孩子们在门口卷起自己的袖子到胳膊肘处。约10个孩子首先进入盥洗室。8个水龙头前立即站满了孩子，进入得晚一些的孩子看看地上的小脚印静静地排在前一位的身后。小朋友们洗手、擦肥皂、甩手、擦毛巾，井井有条。粉红妹妹站在门口处，小脸上满脸严肃，不停地移动脚步，左看看、右看看。有时向一位小朋友做甩手动作，那位小朋友向她点点头。有时粉红妹妹走近一位小朋友，一边轻声提醒"你的手指没有洗，请像这样洗"，一边做动作。

片段五：

盥洗室里没有小朋友了，老师乙走近粉红妹妹："现在没有（小朋友洗手）了，你也去吃点心吧。"粉红妹妹微笑地回答："我已经吃过了。"

分析与思考：

（一）所想到的

从大二班整个盥洗环节的片段中可以看出，小朋友的洗手常规、值日生的洗手常规都非常好，说明班级孩子卫生习惯好。值日生礼貌的用语"请"、轻声的提醒，小朋友们从善如流的回应、自觉排队的行为等，说明班级孩子文明习惯好。虽然别的孩子可以自由活动了，但值日生却牢记自己的职责任务，不离开岗位，说明值日生有非常强的责任感，同时也有很强的自我控制能力。孩子们在盥洗环节中良好行为习惯的表现，引起我们对此环节师幼互动的关注，分析实录，我们发现班级的师幼互动有这样一些特点：

1. 互动主体多元

在过程中，互动的主体有老师，两位老师眼睛不离孩子，不时地环顾，及时提醒孩子们本阶段可能出现的问题，每个孩子的行动，老师都一一看在眼里。互动的主体还有孩子，值日生粉红妹妹是发起互动较多的孩子，在过程中，看到她与其他幼儿之间有4次面对面的互动。

2. 互动内容聚焦

过程中，师生互动、生生互动都聚焦于盥洗或点心区。老师重点的一次师幼互动是关于盥洗环节中孩子可能容易遗漏的卷袖问题，老师用"长袖变短袖"简练的话语来提醒孩子。片段中，值日生3次明显的生生互动也聚焦在洗手、卷袖环节。

3. 互动方法多样

过程中，可以看出老师、值日生与小朋友之间有语言互动、动作互动、眼神互动，老师多用眼神互动的方法，语言、动作互动少，而值日生则多用语言和动作互动，不同互动主体采用了适宜的互动方法，老师的少干预给予大班孩子更多的自理时间和机会，而从值日生的多次示范可以看出大班孩子具有形象思维的特点及值日生热心帮助同伴的意识。

从现场，我们也看到班级的孩子都乐意接受这样的互动，盥洗行为也较好，因此以上的师幼互动对此班级来说是适宜和有效的。

（二）给教师的建议

大班孩子自理能力较强，因此盥洗环节中互动就显得那么隐性、那么无声，同时我们也发现生生互动多单向、等待互动等现象，那么，如何减少等待互动的现象，增加多向的互动呢？

1. 人人都做值日生，减少等待互动现象

大班孩子的生活自理能力较强，喜欢参加一些成人的劳动，通过与班主任的交流得知每天约有4～6位小朋友可以做2～3个岗位的值日生，班主任说孩子们特别喜欢做值日，抢着要做值日生，早早地挂牌就领走了，当天没有轮到值日的孩子还会有些失落呢！

结合片段三，粉红妹妹固然表现出责任感、任务意识、坚持性，但也在过程中有等待，教师在考虑分组孩子盥洗不等待时，也应考虑到值日生服务不等待，要让她在为他人服务的过程中充分体验到愉悦。那么，可不可以通过增加值日生的人数来解决这一矛盾，一方面减少值日生的等待，让值日生完成本组职责后可以开心地参加其他活动；另一方面增设另一组盥洗值日生，也让孩子们有更多的做值日生的机会。

2. 评评我们的值日生，增加多向互动

在片段中，我们可以看到粉红妹妹这个值日生有礼貌、及时帮助、方法得当，她的服务总体上得到了大家的认可，那么她做值日生时的行为举止就为其他将来要做值日生的孩子无形之中树立了榜样，但是粉红妹妹不做值日生，这种行为就不见了，那么还可以通过什么方法来固化这样的值日生行为呢？

大班孩子的自我意识有了较为明显的发展，主要表现在他们自我评价能力的发展上，不依从老师、不主观评价，孩子们有互动的能力基础。

结合大班孩子评价能力的发展，老师可不可以通过常规的"评评我们的值日生"活动来让其他孩子说说我们今天的值日生、夸夸我们今天的值日生，能对盥洗环节有多方面的互动？当孩子们对粉红妹妹的值日行为进行评价时，第一，可以从被服务的孩子们的立场梳理做好值日的一些经验；第二，可以给予值日生更多的荣誉感及做好值日的愿望；第三，可以客观地评价、改进值日生的行为。

关注个体，给予个性化回应

每个幼儿来自不同的家庭，有着不同的个性、兴趣、需要等，因此尊重幼儿个体差异，给予个性化回应是生活活动中教师必备的能力。这既符合每个幼儿自身发展的需要，也是教育发展的普遍趋势与要求。关注每一个幼儿，要求教师根据幼儿的家庭、兴趣、情感、智力、性格等方面的差异，从幼儿的个性出发，努力为每个幼儿创设自由、安全、和谐的成长环境，给予个性化支持与回应，以发展个性，促进成长。

在幼儿园生活活动中，需要关注每一个幼儿在自理生活、集体生活、安全生活、文明生活等方面的发展，为他们创造很多的自主空间。在自主中满足幼儿个性发展需要的同时，体验自主活动带来的成长。

教师在生活活动中关注个体，其意义不仅仅在于满足不同幼儿的基本生理和心理需要，帮助每一个幼儿建立良好的生活秩序和习惯，增强他们的自我意识，使他们认识到自己是有能力的人，在提高自理能力，增强其自信心的同时，获得心理上的安全感和成就感。

一、幼儿园生活活动中关注个别，给予个性化回应提示

1. 观察了解。每个幼儿都是不同的个体，因此教师应了解班级中的每一个幼儿。通过家园沟通、现场观察、个别访谈等方式，全面了解每一个幼儿的性格、兴趣、需要等。必要时可为他们建立成长档案，以便观察记录，及时提供个性化的回应。

2. 分析识别。观察记录幼儿的行为表现后，教师需要运用专业知识与综合能力进行分析识别，判断每个幼儿不同的发展需要与契机，以便适时、适当地提供个性化的回应。

3. 环境支持。创设温馨环境，在物质与心理上给予每个幼儿不同的支持。比如，胆小的幼儿需要鼓励并提供必要的帮助，建立心理上的安全感；大胆的

幼儿需要跟进观察并提示必要的安全，如行为上的安全等。

4.学习体验。在真实的情境中，提供适合于每一个幼儿的学习机会，积极尝试体验，在开放的学习空间中，支持幼儿满足个性化的生活需要，获得相关生活经验。

5.强化巩固。生活习惯的养成需要不断坚持，在强化巩固中逐步养成习惯。因此，针对不同幼儿的习惯养成情况，教师需要在观察了解与提供学习体验和环境支持的基础上，提示巩固，以帮助幼儿的习惯养成。

6.家园共育。针对每个幼儿实际发展需要，联系家长，积极沟通，以寻求家园一致的共识与共育方法，为每一个幼儿量身定制家园共育方案，个性化实施。

二、案例分享

我不愿脱衣服

人乐幼儿园　方艳

金秋十月，天气渐渐转凉，宝宝们也都开始穿起了外套，在午睡的时候我们引导宝宝们把外套都脱掉，放在自己的小椅子上。一天中午，发生了一件让我意想不到的事情。

午睡的时间到了，宝宝们陆续脱下外套。有的宝宝不会脱主动要求老师帮忙，有的宝宝不会脱就默不作声，等着老师主动去帮忙。

终于，所有的宝宝都躺到了自己的被窝中，我正要松一口气时，发现轩轩（化名）外套和裤子都没有脱就躺在了自己的小床上。我马上走到他的床边，轻声地说："宝宝怎么没脱衣服呀？是不是不会自己脱？"他没作声，只是怔怔地看着我。我想他是一个内向的小男孩，平时就话不多，需要我帮助时经常来拉拉我的手，今天是不是我很忙，他没拉到我的手，自己又不会脱衣服，所以就直接躺到了床上。这么一想，我就说："你不会脱衣服没关系，可以找老师帮忙，以后我们慢慢学怎么脱衣服。"说着我就动起手来，谁知他一把抓住我正在拉拉链的手，一边焦急地摇头，一边嘴里说着："不脱，不脱。"我想他不愿意脱，那我需要跟他说说为什么要脱衣服，于是我接着说："宝宝，我们现在睡觉了，不脱衣服就睡觉会生病的，生病了要打针。"我想也许他怕打针，就愿意脱衣服了，他还是紧紧地拽着我的手直摇头。唉，打针都不愿意脱，那就换个说法劝劝他吧："宝宝，你看别的小朋友衣服都脱掉了挂在椅子上，我们轩轩也脱掉吧，跟大家一样，好不好？"他还是摇头，而且眼睛里开始有泪水了。我又想也许他是怕衣服脱掉挂在椅子上他碰不到没有安全感，怕衣服找不到，于是我又说："宝宝，我们衣服脱掉了以后，老师把它就放在你的小床上，好不好？"他还是摇头，而且眼泪也掉下来了。好吧，只好我让步了，"那你先睡觉吧，老师给你只盖上小肚子。"他马上放开抓着我的手，点点头，躺了下去。我拿被子的一角给他盖在肚子上。

过了半个小时，我发现他已经睡着了，头上微微有汗珠，我拿了纸巾帮他擦掉后又在他床边蹲下，轻轻地开始拉他的拉链，我想"你醒着的时候脱不掉你的衣服，等你睡着我总能脱掉了吧"。拉链刚刚拉到最下面，准备脱袖子时，他突然睁开了眼睛，我马上说："老师帮你把衣服脱掉，你再睡。"他马上紧张起来，眼里充满了泪水。我马上妥协："不脱不脱，你快睡吧。"我轻轻拍了他几下，他翻个身又睡着了。此时，我的额头上也渗出一些汗珠来。我不敢再去打扰他的睡眠，至午睡起来我再也没有试图去偷偷帮他脱衣服。

那天放学时，我跟他奶奶进行了简短的交谈，告诉他奶奶他不肯脱衣服的事情，请奶奶回家跟宝宝沟通一下，为什么不愿意脱衣服。晚上，我又在QQ上给他妈妈留言，将白天的事情跟他妈妈详细说了一下，并重点关照妈妈，问问宝宝不肯脱衣服的原因，知道了原因我们才能"对症下药"，让他养成脱衣服午睡的好习惯。

大家猜猜他不肯脱衣服的原因是什么呢？第二天，他妈妈告诉我，轩轩不肯脱衣服是因为他不会穿衣服。知道了他不脱衣服的原因就好办了，我和搭班老师沟通后，决定采取以下措施帮助轩轩学会穿衣服。

1. 在游戏中尝试。在区角游戏中，引导轩轩尝试着给娃娃穿衣服、脱衣服，锻炼他的手部动作，同时让他觉得穿脱衣服是一件很容易的事情，让他的心理得到放松。

2. 在学习中参与。开展一次穿脱衣服的集体教学活动，让轩轩学习穿脱衣服的方法，同时让他知道其他小朋友也不会脱衣服，不用难为情，放松戒备。

3. 在生活中练习。引导家长在家以游戏的方式让孩子学习穿脱衣服，以鼓励为主，慢慢学习，注意保护轩轩敏感的心。

现在，我们正在按照这些方法慢慢地进行，虽然效果还没有显现，但我们和家长都相信轩轩很快就愿意自己脱衣服了。

孩子，请放松

文翔幼儿园 严长龙

案例背景：

进入幼儿园是孩子社会化学习的最好场所，对于幼儿来说，教师是进入幼儿园后最亲近、最关注的人。在幼儿园生活中，教师并不会用所有的精力去围绕某一个孩子，关注某一个孩子，因此幼儿入园后会出现一定的自我约束现象。当自我约束超过了限度，幼儿在园表现和在家表现将出现巨大的反差。

案例实录：

萱萱（化名）是班中一位十分"乖巧"的女孩，老师说的每一句话她都默默记在心中。无论是值日生工作还是布置回家的小任务，她都能完成得十分出色，让老师十分放心。但是，放心的背后也隐藏着教师和家长的担忧。在班级中，她的"乖巧"让老师也很为难。她从不举手发言，几乎不和老师、同伴交流，回答问题的时候声音也很轻。她的种种表现让我觉得她是一个很内向的小女孩。但据萱萱妈妈所说，萱萱在家中可是一个"小霸王"，并且是一个相当有组织能力的小女孩，经常像"大姐大"一样和小朋友们打架。萱萱妈妈对于萱萱这种家里家外性格上的巨大差异表示苦恼，希望能够得到老师的帮助。为了证实萱萱妈妈说的话，我决定跟进对萱萱的观察。

案例分析：

幼儿心理研究表明：当幼儿生活的环境改变时，幼儿会出现一定程度的不自在的表现，这种不自在导致他们会产生一定的防御心理。幼儿会"伪装"自己，以便更好地适应环境，这是人类的本能。由于我是刚带萱萱班级的新老师，对于孩子来说，一切都是陌生的，需要一个逐渐熟悉的过程。对于部分孩子来说，他们会选择将自己外向的性格隐藏，适当"见机行事"，待"察言观色"后，再摸索出同教师交流最安全、最舒服的方式。

同时，家长过高的要求会让孩子产生敏感心理。萱萱妈妈学历较高，从小就对孩子有较为严格的要求。在和萱萱妈妈的交流中我发现她要求萱萱在班级里事事都必须做到最好，并不断给孩子施加压力。长此以往的严格要求，让萱萱产生了一些逆反心理。潜意识告诉她：尽量不要出错，在班级里面不说话、不吵闹就不会出错。而幼儿本性好动，在幼儿园受到的压抑就只能在家尽情释放。这也可能是导致幼儿在家和在幼儿园巨大差异的原因之一。

解决措施：

基于以上分析和萱萱妈妈提供的信息，我采取了以下措施，以期改善萱萱这种家里家外展现不同性格的问题。

1."暗地家访"深入了解幼儿在家里的表现

据萱萱妈妈所说，萱萱每天晚上都会到小区广场溜冰，为了更深入地了解幼儿的情况，我和萱萱妈妈事先约好去看一看幼儿在家中的表现。为了避免让孩子感到巨大的压力，我和萱萱妈妈约定不让孩子知道我的到来。经过半小时的观察，我更深入地了解了萱萱，在户外玩的萱萱显得十分开朗和活泼，而且时而组织一个小比赛，让现场的气氛很热闹，这与幼儿园里的萱萱判若两人。

2."家园合作"减轻幼儿心理压力

萱萱的这种完全不一样的表现让萱萱的爸爸妈妈十分担心，他们希望孩子能健健康康地成长，不要压抑自己的心理。所以我们达成一致：萱萱的父母在家中尽量不要过分地要求萱萱，让孩子尝试去做自己喜欢的事情；多尊重孩子的想法，不要让她产生压抑的心理和叛逆的心理，让她顺其自然地在班级里面学习和生活；在家中尽量与孩子多沟通帮助她打开心结，懂得怎样更好地表达自己的想法。

3."真诚交流"寻求师幼之间的信任

我认为幼儿在家中的表现更加自然、真实，在幼儿园则是幼儿心理压抑下的表现。为了让孩子突破自己心中的"防线"，用自然与信任的态度和眼光去和教师与同伴交流。为此我和萱萱聊了很久，让萱萱通过简单的沟通能够了解我，并且开始尝试信任我。同时在交流中让萱萱说一说自己在幼儿园和同伴交往中存在哪些心理困惑，以期在以后的幼儿园生活中能够更好地帮助萱萱。

后续观察：

经过一段时间的努力，我们欣喜地发现萱萱的变化很大。

1. 由于萱萱本身性格比较外向，在幼儿园得到教师的鼓励和默认后，她能较积极主动地和班级里的孩子们一起玩，并能较为自如地发挥自己的性格特长，组织其他幼儿进行愉快的活动。

2. 萱萱在幼儿园中逐渐从自我封闭的状态中走了出来。她能较大声地回答教师的问题，并能和老师进行一些简单的交流。她尝试用积极乐观的态度去接受身边的人和事，并且能够在自由活动和游戏环节中用"小老师"的角色去要求自己和监督别人，主动帮老师分担工作。

这些变化是老师和家长希望看到的，我们也相信，在家长和老师的共同努力下，萱萱在幼儿园一定会与在家时一样开朗、阳光。

反思：

每一个幼儿都有一个很复杂的内心世界，如果老师真诚地去接纳孩子，孩子的内心世界也会欢迎老师的到来。只有真正地进入了孩子的内心世界，才能用心去感受孩子们言语和举动中流露出来的情感，成为孩子们最好的指明灯。

家庭：家长·园所·携手共育

家庭是幼儿生活的重要场所，对于在园幼儿来说，其与幼儿园生活都成了幼儿生活的主要空间与场所，两者的协调一致对于幼儿发展起着至关重要的作用。其中以幼儿为原点与终点，构成家长、教师共育的共同体。

幼儿园生活中的家园共育是围绕幼儿在园的一日生活内容，如力所能及的事、文明行为举止、保护自己、集体适应而开展的家园共育活动。在共同导向下，实现培养幼儿的生活习惯，提高幼儿的生活能力；转变家长的育儿观念，提高家长的育儿能力；促进教师的专业发展，提高教师的指导能力；推进幼儿园内涵建设，提高幼儿园办园质量的共同价值目标。

一、生活中家园共育的原则

幼儿园生活中的家园共育是针对幼儿在园的一日生活，力图兼顾科学性、针对性和适用性的特点，坚持三个原则。

1. 坚持"以幼儿发展为本"

围绕幼儿的发展需要与契机，开展家园共育，尊重幼儿的身心发展规律、合理需要与个性，并创设适合幼儿发展的各种机会，保护幼儿的合法权益，促进幼儿全面与和谐发展。

2. 坚持"家长主体"

幼儿园努力与家长达成共育共识，确立为家长服务的观念，在了解不同类型家庭的家长需求基础上，尊重、理解家长，以平等共育的理念携手支持幼儿发展。重视发挥父母在指导过程中的主体作用和影响，为幼儿健康成长提供优质保障。

3. 坚持"多元互动"

幼儿园生活中的家园共育应建立指导者与家长、幼儿，家长与家长、家庭与家庭之间，家庭与幼儿园之间的有效互动，努力形成相互学习、相互尊重、相互促进的环境与条件，建立平等、尊重、合作的伙伴关系。

二、生活中家园共育的内容、途径与方法

涉及幼儿园生活课程中的家园共育，以下内容举例围绕课程内容，提供多样途径（见表2-9）。

表2-9　家园共育的内容举例与途径

内容举例			途径
做力所能及的事	自我服务	自己进餐	A.面谈 B.电话 C.网络 D.家访 E.家长会 F.家园之窗（橱窗、墙报） G.通知或配合小纸条 H.家园报纸 I.开放日活动 J.家教讲座 K.家园联系册（表） L.教师参与的家庭互助活动
		自己穿脱衣	
		自己如厕	
	我爱劳动	做值日	
		做家务	
		学种植	
文明的行为举止	有礼貌	说话有礼貌	
		交往讲文明	
	爱清洁	清洁的身体	
		整洁的仪表	
	守规则	做事有规律	
		活动守规则	
保护自己	爱护身体	做健康检查	
		保护五官	
		保护皮肤与骨骼	
	避开危险	不做不能做的事情	
		远离危险物品	
	交通安全	小心过马路	
		做安全小乘客	
适应集体	保持好心情	爱上幼儿园	
		调节各种情绪	
		特别的我	
	关爱身边人	老师好	
		一家亲	
		同班情	
	学会交朋友	大家一起玩	
		赢得朋友	
		开心聚会	

同时，针对上述内容，梳理指导家长开展生活共育的有效途径。

1. 做力所能及的事（如进餐、穿脱衣、如厕等）

（1）经验传授法。比如，相关的儿歌、步骤、可用于练习生活技能的材料等。

（2）活动展示法。比如，通过在公开活动中的生活活动，让家长了解孩子生活方面的发展，同时掌握教师进行教授的方法。

2. 文明交往习惯

（1）机会创设法。比如，组织小组式的活动，给幼儿及其家长创设沟通的机会。

（2）游戏参与法。比如，请家长参与到角色游戏中，以同伴的方式指导幼儿交往。

3. 适应集体（如情绪稳定、分享等）

（1）视频回放法。比如，幼儿在园一日生活的行为拍摄记录，视频回放与家长分享。

（2）活动预告法。比如，开展分享活动前进行预告等。

（3）交流讨论法。比如，教师与家长个别或集体交流，商量方法并达成家园一致等。

（4）鼓励赞赏法。比如，鼓励家长多看到孩子的变化，教师也多鼓励鼓励家长的行为。

总之，家园共育过程中，让家长成为家园共育的主体，教师为主导，我们应采用直接、直观的方式与家长沟通，让家长了解幼儿园生活课程理念、目标、内容、指导方法等，引导家长真正成为我们的合作者、支持者，让共育发挥"1+1>2"的成效！

三、案例分享

一块牌子　两种用途　三方沟通　实现共育
——从晨检中透射幼儿园生活家园共育的有效落实

观察时间：2015年4月1日上午8：00—8：15

观察地点：某幼儿园晨检处

观察者：泗泾第二幼儿园沈莉薇

观察实录：

一位留着"小丸子"发型的小女孩在妈妈的陪同下走进大厅，妈妈一手拎着被子袋，一手拿着孩子的小书包。在走向晨检处时，妈妈有意放慢了脚步，孩子自行来到保健老师面前（靠门口的长发保健老师），大声地招呼："老师，早！"同时，很自觉地伸手、张嘴接受晨检。

保健老师回应："宝宝，早上好！"老师边回应边娴熟地以"一摸、二看、三问"的方式迅速完成了整个晨检过程，并且给了女孩一张代表健康的红牌牌。

此时，妈妈向前一步，伸手要拉着女儿的手离开，可是小女孩却站在保健老师的左侧、保健物品放置推车前没有离开的意思，并用手指了指悬挂在推车上的KT板。

"对了，今天中午我们要领回家的。"妈妈恍然，立刻对保健老师说。

而此时保健老师也发现了小女孩的举动，跟着说："哦，今天中午要回家呀，身体还有点不舒服是吗？"

"对的，这两天感冒咳嗽所以没来，今天基本好了，但是还有点不舒服，所以中午让她回家睡。"妈妈说。

在保健老师与妈妈说话的同时，保健老师取下KT板上的一块红牌牌递给了小女孩，同时嘱咐："等会儿到班级多喝点白开水哦。"

接过牌子后，小女孩拉上妈妈的手离开，妈妈则低头向女儿交代："跟保健老师说声谢谢呀！"

小女孩转身朝保健老师招了招手。此时保健老师已经在为下一位幼儿进行晨检了。

分析：

观察中发现孩子拿了两个红牌牌，很诧异，于是走近推车一探究竟。原来挂于推车上的KT板上是做成尖顶小房子，房顶上写着"中午离园牌"，而在"墙面"上有许多小插袋，每个插袋上插着一张红牌，红牌上竖排写着"中午离园"。晨检时，孩子不仅拿到了一张表示自己是否健康的牌子外，还会按照自身需求拿上一张中午离园的标牌。

联系"小丸子"的一系列行为，我们可以做如下分析（见表2-10、2-11、2-12）。

表2-10　对幼儿的分析

序号	行为表现梳理	生活经验分析
1	作为第二学期开学已经一个多月的小班幼儿来说，乐意并能主动接受晨检	安全习惯有养成
2	能主动向保健老师问早，且声音响亮，落落大方	文明习惯有建立
3	晨检后因没有拿到"中午离园牌"而不走，说明孩子知道自己身体不适，能用行为告诉家长与保健老师	孩子的安全意识、自我需求意识初步形成
4	在妈妈的引导下，孩子能用挥手的动作表示感谢与礼貌	孩子愿意接受文明行为，习惯在养成中

表2-11　对家长的分析

序号	行为表现梳理	生活教育意识行为分析
1	家长陪同进园，因生病几天未来园，带被子来，孩子无法自己独立进园	认为小班孩子还小，无法独立完成自己带被子等事项
2	到门厅处，家长走在后，孩子走在前	①知道孩子已适应了幼儿园的集体生活 ②有培养孩子独立自主的家庭教育理念
3	接受晨检时，家长离孩子2米远	游走在"放心"与"不放心"之间：放心的是晨检的过程（孩子愿意主动接受晨检），不放心的是晨检的结果（前两天身体不适）
4	保健老师发好红牌后，立刻准备带孩子进班级	①晨检结果健康，让家长放心、放松 ②对于孩子中午离园一事遗忘
5	向保健老师描述孩子今天中午离园的缘由	①家长已然接受幼儿园制定的规章制度，认可度高 ②需要老师对自己生病刚愈的孩子有特别的关注与关心
6	带离前，提醒孩子向保健老师说谢谢	①对保健老师的关心有认可 ②对保健老师对孩子的嘱咐有感激 ③对孩子的文明习惯有培养的意识与行动

表2-12　对保健老师的分析

序号	行为表现梳理	生活教育意识行为分析
1	热情回应孩子的来园，主动招呼	有培养幼儿文明习惯的意识行为
2	动作娴熟地完成晨检动作（借助手电看幼儿口腔，双手托举并摸孩子颈部两侧，看幼儿的手掌、眼睛、面色，摸幼儿的口袋）	①专业能力强 ②向孩子和家长传递晨检内容（简要的健康保健内容）
3	看到幼儿指离园牌后，跟进追问中午回家缘由	①引导小班幼儿"知道自己不舒服能告诉老师" ②能与孩子、家长及时交流，建立互信关系
4	当女孩与妈妈离开时，保健老师忙着接待下一位孩子，没有回应女孩在母亲引导下的挥手举动	上午的晨检是繁忙的，两位保健老师要对园所每个孩子进行"一摸、二看、三问、四查"，需要保健老师娴熟的专业，但如果能在检查发牌后与孩子说声"再见"，会让晨检更有意义

启示：

1.发挥环境材料的教育作用。针对小班幼儿，达成"知道自己不适，能主动告诉老师"，是需要成人引导与培养的，而幼儿园的"一牌两用"架起了"教育"与"发展"之间的桥梁，实现让幼儿对自己的身体不适的无意识转变为有意关注、有意表述，是保护自己的显性教育。

2.密切家园沟通，三方达成一致。"中午离园牌"，避免了小班孩子因情绪而"谎报""今天中午妈妈说我回家睡"的问题，避免了老师交接班未到位而造成孩子入睡不久家长就来接的状况。一块"中午离园牌"让孩子知道只有身体不舒服等特殊原因才能在中午接回家；让家长便捷地告知保健老师、班主任自己孩子的特殊需求；同时更让（保健）老师明确自己的工作职责，对特需幼儿及其家长加强关注。

3."一牌两用"，简单便捷。简单地在晨检牌上添四个字"中午离园"，进入班级时，与晨检牌一起放入自己的晨检袋，相信老师都愿意接受这样的建议。

一牌两用有针对，减负增效利沟通！用心用情用行动，家园合力促发展！

小白，你真棒

——来园洗手处家园共育引发的思考

观察时间：2015年4月1日上午8：00—8：15

观察地点：某幼儿园门口洗手处

观察对象：小白

年龄段：小班（下学期初）

观察者：实验幼儿园鹿爽

我看到的：

这是某幼儿园实施幼儿自主洗手的第一天，进门一条红线把幼儿和家长自然分开。

她，圆圆的脸蛋，穿着一件白色的衣服，我们都叫她小白，小班幼儿，小小的个子却背着一个大大的书包，她立刻引起了我的注意。只见她在水龙头旁边站了足足30秒，用力地想把袖子卷起，但没有成功。于是，她把目光转向了妈妈，妈妈微笑着看着她，轻轻地提醒她卷袖子的动作，可她还是没有成功。于是，她走向了妈妈，准备寻求帮助。这时，值班老师看见了，把她领回洗手处，帮助她卷袖子。随后她开始慢吞吞地洗起了手，动作很标准，完成洗手后，又看了妈妈一眼，妈妈依旧微笑地看着她，用动作告诉她擦手，于是她走到取放毛巾处，又被前面奔跑运动的幼儿所吸引，边看边完成了洗手的动作。整个洗手的动作大约用了10分钟。当她走向妈妈时，妈妈对她竖起了大拇指，并温柔地说："宝宝，你真棒！"

我想到的：

1. 家长的等待让家园共育更有实效

通过故事可以看出，小白的动作虽然不是那么利索干脆，也有东张西望的时候，但是妈妈并没有催促，而是始终微笑面对、等待，给了孩子成长的空间。鼓励，让孩子对自己洗手这件事情充满信心。是啊，自己的事情就应该自己去完成。而小白妈妈的做法在家园共育中尤为重要，共育是双方的配合和支持，只有保持一致的教育理念和教育方法，才能够将家园共育真正落实，体现效果。

2. 一根红线让幼儿自主生活真正落地

一根红线把家长和幼儿自然分开，虽然距离远了，但同时也培养了孩子的自主和独立，少了家长的包办和代替，幼儿也能够自己完成洗手这件事情，并且真正让进门洗手这件事情落到了实处。幼儿园的这一做法，用实际行动告诉家长应该怎样科学育儿。

我的思考：

1. 家园共育是双向互动

在整个分流洗手的过程中，像小白这样的孩子很多，但也有部分家长没有小白妈妈这么有耐心，而是不停地催促："快一点洗！""意思一下就好了。"……这说明家长可能对于进门洗手这件事情还不是特别理解。家园共育是双向互动，怎样更好地促进家园共育呢？建议学校可以从以下几个方面入手：

（1）沟通要及时有效

入园洗手这件事情，首先要让家长了解洗手的重要性，不要只是流于形式。家长虽然知道进门要洗手，但为什么洗、怎样洗，并不是每一个家长都了解，还需要进一步沟通，校方可以通过告家长书、进门的宣传版面、家长会等多方宣传来告诉家长洗手的益处，把握住一个重心：一切为了孩子的发展。我想，家长是愿意接受并配合这件事情的。

（2）科学的指导方法

像小白这样的小班幼儿，没有了家长的包办，并不表示不需要帮助。在观察整个洗手的过程中，有些孩子衣服太厚自己无法卷起衣袖，有的孩子没有擦肥皂，有些孩子不甩水就擦毛巾……这些可能都是没有正确地掌握洗手的方法。校方可以请值班老师或家长志愿者在洗手处给予孩子正确洗手方法的指导和适时的帮助，同时班主任也应该在日常的班级生活活动中对孩子给予正确的指导，让孩子掌握方法，快乐地入园洗手。

（3）分流洗手的适宜性

分流洗手虽然好处多多，但也应该考虑是不是每个年龄段、每个学期都适宜。如小班新生刚入园，分离焦虑期，可以家长陪同洗手，慢慢适应后再放手，园方应该多方考虑，将工作做得更加细致，让洗手这件事成为家园共育的契机，进一步推进幼儿自主生活能力的培养。

2. 硬件设施是共育的保障

在某幼儿园进门洗手处，有以下几点建议：

（1）建议提供幼儿放玩具的架子，让幼儿洗手更方便。

（2）毛巾的摆放位置建议进一步调整，既体现方便，又达到卫生的要求。

（3）洗手的步骤图偏高，幼儿不便观看，建议位置下移。

实现家园共育，需要家长、教师与园方以幼儿发展为中心，进行经常性的双向互动。因此要有效达成家园共育，只有通过各种途径，使幼儿园与家庭建立一种合作、对话、一致、互补的关系，在双向互动中，逐步转变家长观念，提升教养水平，才能真正携手共育。

摔了三跤之后

观察时间：2015年4月1日上午8：00—8：25

观察地点：某幼儿园教学楼大厅走廊晨检处

观察者：松江区教育学院孙焕

观察实录（见表2-13）：

表2-13　观察内容概述

我看到的	我听到的	我想到的	思考与建议
第一跤： 今天我们定点观察的地点是幼儿园大厅走廊的"晨检处"。在前往晨检处的路上，一个男孩子迅速地迎面跑来，没跑几步，"扑通"一声摔在地上，马上又爬了起来，继续跑。在叮嘱他小心的同时，我们看到走廊的地砖上渗出许多水珠	在当天的案例交流中，交流者指出"多雨天气"是造成地面湿滑的主要原因，提出家园共育要充分关注安全，给出的策略如下。 策略一：幼儿园方面铺设防滑垫，展示"小心防滑"的提示牌； ————	1.爱跑是孩子的天性，我们的教育是遏制孩子的天性，还是尽可能提供必要的支持，发展孩子的自控能力？ 在案例中，我们看到不断有孩子在跑，尤其是男生，这说明孩子是天生的"奔跑者"；而在我们的建议策略中却再三强调要借家长、教师之力告诉孩子"不要跑、不能跑"，没有充分聚焦孩子摔跤的原因到底是什么，以及	建议一：顺应天性，做好防护，提高幼儿能力。 爱跑是孩子的天性，在满足孩子天性的同时我们的教育是及时提供安全防护措施，进一步提高幼儿的自我预知能力和控制能力，而不是一味地强调"不能跑"。针对幼儿摔跤的最根本原因是地滑，园方要及时发现问题，遇到多雨天气及时提供防滑垫或者设置防滑标志，尽可能避免滑倒现象

续　表

我看到的	我听到的	我想到的	思考与建议
第二跤： 一个男孩从大门外跑进来想要进行晨检，保健老师马上提醒："当心宝宝，不要跑！"男孩体检好后想要跑进教室，谁知，没跑两步脚下一滑，趴在了地板上，缓了一下爬了起来。保健老师听见声音，紧张地喊："当心，别跑！" 第三跤： 晨检不远处的大厅门口站着一名穿着"协管员"服装的奶奶，她微笑着迎接孩子们的到来。不一会儿，一名男孩从学校大门口冲了进来，刚跨进大厅就"扑通"一声坐在了地上，奶奶赶紧跑过去扶他起来，并叮嘱道："慢慢地，当心！"	策略二：教师方面要加强对幼儿的安全教育，提醒幼儿"不要跑"； 策略三：运用微信功能告知家长，引导家长做好幼儿的安全教育，提醒幼儿"雨天路滑不奔跑"	"孩子们在奔跑时需要具备的自我判断和自我调控能力"方面，而是简单、武断地进行说教"不要跑"！ 2.哪些内容是需要家园共育的，碰到所有的问题都需要家园共育吗？ 在案例中，我们一碰到该问题就马上想到家园共育，想到利用家长的力量开展相关教育，在此案例中家长资源的利用效用到底有多大？不用家长资源能解决孩子在奔跑中的安全问题吗	建议二：不必惊扰、进行甄别，家园共育用在刀刃上。 在今天的案例中，只要园方进行充分的防护，杜绝不安全因素，同时培养幼儿自我控制能力即可，没必要麻烦家长。以后，遇到类似问题时园方要进行分析甄别，将家园共育的内容用在刀刃上，做必须家长参与的活动，真正发挥家园共育的有效性

感悟与启发：

随着幼教改革的日益深入，幼儿教师和研究者越来越认识到家园沟通所创设的中间环境对幼儿的发展至关重要，各类幼儿园都非常重视家园共育工作。然而，幼儿园家园共育的内容非常多，哪些是必需的呢？在进行家园共育时又该有着怎样的认知和态度呢？今天的案例，给了我两个启示：

1. 幼儿园中不是所有的问题都需要家园共育，要把握家园共育内容的关键。

2. 促进孩子的能力发展是进行家园共育的目的，家园共育要始终把孩子的发展放在首位。

家里洗过了，冲一下就好了

——由爷爷的一句话引发的对家园共育的思考

观察时间：2015年4月1日上午8：00—8：20

观察地点：某幼儿园门口洗手处

观察对象：小班幼儿

年龄段：小班（下学期初）

观察者：原文翔幼儿园桂鹏

观察与分析（见表2-14）：

表2-14　观察内容概述

我看到的	我想到的	思考和建议
小班一位男孩到门口后，主动向保安叔叔和园长妈妈问好，然后自己独自走到洗手处排队洗手，等待半分钟左右后，爷爷有点不耐烦了，于是催促这位小朋友"快点呀"。终于轮到这位小朋友洗手了，他按照步骤打开水龙头，开始搓肥皂，这时，爷爷很大声地在远处催促了："快点，冲一下就好了，家里洗过了呀！"这时，这位小朋友就急忙把手冲了一下，然后拿起一块毛巾揉成一团，在手背上随便擦了一下，往毛巾筐里一扔，就和爷爷一起去了班级	1.孩子良好行为习惯的习得需要幼儿园、班级老师、家庭、社会等方面的共同支持； 2.一些家长尤其是祖辈们无法理解孩子"入园洗手"的重要性； 3.幼儿园、班级应该采取措施使得家园一致，促使家长获取正确的"入园洗手"观念，帮助孩子获得良好的卫生习惯； 4.等待一直是我们传达给幼儿的观念，但是作为行为方式成熟的成人却很难做到	1.园方、教师、幼儿、家长四方对待入园洗手的态度需保持一致； 2.通过家长会（祖辈家长会）、网络、现场引导等方式帮助家长更好地认可入园洗手的重要性，并引导家长采取正确的方法帮助和支持孩子； 3.要想让孩子学会等待，教师、家长首先要学会等待。家长应该以身作则，为幼儿创设良好的"等待"环境，给幼儿有更多的时间去完成自己需要完成的事情

启示：

幼儿良好卫生习惯的习得需要学校、班级、保教人员、家长、幼儿等方面共同努力。幼儿园作为一个教学机构，本着以幼儿发展为本，需采取积极的措施与家长进行互动，并传达正确的卫生观念。尤其是针对祖辈这个群体，可以通过班级家长会、网络、门口的提示等方法促使他们育儿观念的转变。

对于班级教师来说，应该教授幼儿正确的洗手步骤，并在班级中与幼儿进行深入的互动、监督，促使幼儿强化洗手观念。

对于家长来说，良好的家庭教育氛围、家长们的教育观念及以身作则的行为方式等是促使幼儿良好卫生习惯养成的重要因素。家长不仅要以身作则，用自己的行为来带动和影响孩子，而且在必要的时候，应该给予幼儿相应的帮助和等待。

学会等待不仅是给予幼儿更多的时间去完成他们要做的事情，更是一种积极的教育观念，是一种对幼儿的尊重和理解。对于家长来说，可能只是举手之劳，但对于孩子来说，这是他们发展所迫切需要的。

环境：支持，保障，隐形教育

《幼儿园教育指导纲要（试行）》中明确指出："环境是重要的教育资源，应通过环境的创设和利用，有效地促进幼儿的发展。"幼儿园生活环境是幼儿园内幼儿身心发展所必须具备的一切物质条件和精神条件的总和。这里的"生活环境"特指幼儿在园一日生活各场景所涉及的各种物质环境与材料以及精神环境。物质环境是指有关幼儿在园一日生活各场景所涉及的硬件设备、标识、物化的规则、辅助材料等。精神环境是指幼儿在园一日生活各场景中师幼互动、幼幼互动间的语言、表情、眼神、肢体动作等，即幼儿与保教人员之间、幼儿与幼儿之间语言、行为、习惯等形成的氛围。

环境作为重要的教育资源，其对幼儿发展起到支持与保障的隐形教育的作用。良好的生活环境不仅能帮助幼儿建立安全感与秩序感，更能提高幼儿对生活的认识与理解能力等。其能促进幼儿认知的发展，促进幼儿社会性的发展，使幼儿获得对美的感受和对美好事物的体验等。同时，环境还能生成课程，激发幼幼互动，增进师幼互动。幼儿与环境的互动过程也是教师了解幼儿的重要途径。如果教师能够科学观察幼儿对哪些事物感兴趣、他们如何与环境材料互动、在生活中遇到了哪些问题与困难等，就能进行分析与识别，进而通过创设或改变环境来支持和引导幼儿的活动，从而使教育效果更加显著。

在生活环境创设中，除了上述提到的环境的教育功能与作用外，更多体现在能提高幼儿生活自理能力，养成良好的生活习惯，体验宽松和谐安全的生活，体现幼儿园的品质生活等。因此，以幼儿园生活课程为导向，以幼儿生活实际需求为依据，创设"有需求——看得见幼儿、有质量——服务于幼儿、有价值——推动幼儿发展"的"以幼儿发展为本""有品质"的幼儿园物质环境与精神环境，促进幼儿"培养生活自理及文明生活能力，学会保护自己，并适应集体生活"。

一、生活环境的创设原则

1. 教育性原则

充分利用环境发挥教育效应。利用自然生活的各种环境，因地制宜，充分挖掘，如在环境中渗透文明礼仪、规则意识、温馨提示等功能，让幼儿在潜移默化中自然习得。

2. 适宜性原则

幼儿园生活环境创设应与幼儿身心发展特点和发展需要相适宜，体现幼儿的年龄特点、发展需要、个性特点等。

3. 参与性原则

幼儿园在环境创设的理念上必须以幼儿为主体，幼儿是生活环境的主人，因此尊重幼儿对于环境的参与权，如参与设计、参与收集、参与布置、参与操作、参与管理等。

4. 动态性原则

幼儿园在环境创设上既要固定便于幼儿生活的区域与材料，但同时也要富于变化性。如随着幼儿能力的增强、兴趣的转移等进行调整，随着生活教学内容、季节的变化等进行改变，均在于帮助幼儿养成良好的生活习惯，获得多种发展。

5. 安全性原则

安全卫生的生活环境是最基础也是最重要的。幼儿园环境创设与生活材料提供必须服从于卫生和安全的要求，如提供的材料及教玩具应选择无毒、无害、无污染的材料，投放的材料大小要求不小于2厘米等。

二、生活环境的创设策略

策略一：确立"按需创设"的理念——创设满足幼儿生活需求的环境。

操作建议一：创设"家庭式"生活环境，满足幼儿安全生活的基本需求。

操作建议二：创设"阶梯式"生活环境，满足符合幼儿年龄特点的发展需求。

建议的做法是：看教材、看孩子、创环境、看互动。

策略二：遵从"差异认同"的规划思路——创设提升幼儿生活质量的环境。

操作建议一：认同"人"的差异，因"人"制宜地提升生活质量（发展差异、男女差异、个性差异、家庭差异）。

操作建议二：顺应"物"的差异，因地制宜地提升生活质量。

其一，根据不同生活空间的功能和定位的差异创设生活环境。

其二，根据不同的生活空间特点与布局的差异创设生活环境。

策略三：践行"情境暗示"的操作方法——创设凸显生活教育价值的环境。

操作建议一：标识暗示，帮助幼儿学习生活行为（创设幼儿看得见、读得懂的环境）。

操作建议二：流程暗示，帮助幼儿巩固生活习惯（就近与便利的原则，不走回头路的原则）。

策略四：创新"灵活迁移"的实践运用——让幼儿园生活环境创设"减负增效"。

操作建议一：框架既定、内容调整。

操作建议二：内容既定、重组运用。

策略五：关注"精神环境"的内容创设——为幼儿创设安全、温暖、宽松和愉快的环境。

操作建议一：师生关系民主（语言、肢体动作）。

操作建议二：同伴关系友爱。

三、生活环境的创设思路步骤

基于幼儿发展，确立幼儿园生活环境创设的思考路径（见图2-1）。

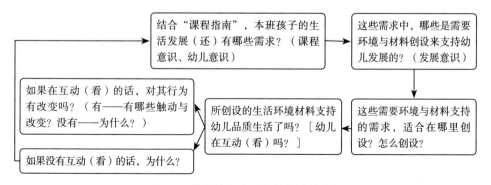

图2-1　幼儿园生活环境创设思考路径

要点提示：

（1）为幼儿创设安全、卫生、温馨、自主的班级生活环境；

（2）能让幼儿自主、有序、愉快地进行进餐、盥洗及睡眠；

（3）环境中有幼儿易于识别的安全、健康、生活等规则提示。

四、生活环境的创设内容要素与提示

1. 内容要素

（1）必需的生活环境创设

① 自我服务环境创设：如进餐环境、午睡环境、如厕环境、饮水环境；

② 劳动环境创设：如值日生、自然角；

③ 安全生活环境创设：如插座、门角。

（2）按需的生活环境创设

根据本园、本班幼儿生活特殊需要创设环境。

2. 内容提示（见表2–15）：

表2–15　内容提示举例

自理生活	文明生活	安全生活	集体生活
进餐（餐饮环境：如大班餐饮文化、中班餐饮规则、小班餐饮兴趣） 午睡（午睡环境：如小班午睡氛围、中班午睡自理、大班午睡习惯） 如厕（如厕环境：性别意识、提示提醒、人文关怀等） 洗手（洗手环境：方法提示、重点提醒、材料提供等） 喝水（喝水环境：方法提示、喝水记录等） 值日生（显性环境：中大班任务意识、服务意识等） 自然角（自然角环境：动植物的观察与照料）	文明礼仪（提示环境：交往文明、说话礼貌等） 清洁整理（硬件提供与环境创设：如自带玩具摆放、换鞋等） 规则遵守（提示环境：活动规则等）	避免危险（硬件提示提供：如门角、插座、易碰撞区域等） 爱护身体（环境创设：如五官保护提示、身高体重记录等）	保持好心情（氛围与情绪：如心情树、爱上幼儿园等） 关爱身边人（教师、家人、朋友：亲如一家、全班合影、生日墙等） 学会交朋友（可结合主题学习开展：好朋友等）

五、案例分享

让盥洗室里的洗手更快乐

观察时间：2014年11月26日

观察地点：某幼儿园小一班盥洗室

观察者：松江区学前中心组（互动组）（整理：泗泾第五幼儿园王汉璐）

观察实录：

实录一：

盥洗室环境：洗手、擦毛巾示意图，地面排队提示的脚印和圆点，毛巾、肥皂（一整块药皂），自动感应水龙头，小广播（重复播放洗手儿歌），毛巾置物篮。

盥洗室里，一位幼儿走到水龙头前，自然地将衣袖向上推，长袖就变中袖啦！（这位幼儿穿着毛衣，外套已经挂在了衣架上）她熟练地将手淋湿，开始抹肥皂，两手掌相互搓了4～5次，就在水龙头下冲干净，然后取毛巾；这时，毛巾掉落了一个，她先将掉落的毛巾捡起放在篮子里，然后用干净毛巾擦手，放下衣袖，去喝水了。从该幼儿的洗手过程中观察到：她没看图示，没有说话，没跟读儿歌，没发出求助；保育员站在盥洗室门口，没有与她互动。

实录二：

一位幼儿走到水池前，淋湿手，抹好肥皂后，就开始手心、手背、手指搓一搓，搓的动作较慢；过程中，幼儿看了几次示意图，好像没看明白的样子，仍然慢慢地不规律地搓了几下。该冲洗肥皂了，由于幼儿较多地专注于水流，冲洗时没有细致地冲手心、手背，也没有边搓边冲的动作。就这样，幼儿的手指、手背、手心都冲洗得较干净，而靠近手腕处的部位仍残留了一些肥皂液。幼儿认为自己的小手已经洗干净了，就拿起小毛巾擦干小手。

分析：

在品质生活理念的引领下，盥洗室环境创设的原则是安全、便利、温馨；同时，教师也要观察并照顾每个幼儿的生活需要，根据实际给予幼儿帮助和指导。通过案例了解，小一班的教师已经较为关注幼儿的个体需要及生活品质的提升，但在具体帮助与指导上还能再优化。具体表现在：

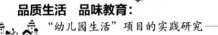
1. 环境温馨，激发审美情感

从实录中可以看出，小一班盥洗室的环境较为温馨、舒适，色调温暖、清新。硬件环境有感应式水龙头、高度适宜的洗手池、取放方便的肥皂盒和毛巾；软件环境有步骤示意图、提示小广播、可爱的排队小脚印，这些都给小班幼儿以温馨、舒适、安全的感受。这种软硬环境的细节考虑，让幼儿始终浸润在美好的氛围中，有利于激发幼儿的审美情感。但是，洗手步骤示意图提示内容不清晰。

2. 思考全面，关注不同需要

在软环境创设上，教师考虑细致、全面，关注了不同发展水平幼儿的需要。比如，教师投放了小广播，小广播里滚动播出洗手儿歌，可以较好地提示幼儿逐步掌握正确的洗手方法。但是，儿歌内容从卷袖子到擦毛巾，没有阶段针对性。

3. 氛围轻松，激起快乐体验

洗手过程中，没有成人的反复催促，给幼儿营造了轻松的心理环境。在节奏欢快的儿歌背景中，幼儿感受到洗手是快乐的活动。因此，盥洗室是幼儿快乐生活的一部分。整个过程中，保育员没有和幼儿说话，没有提醒与鼓励，没有观察到幼儿手腕没有冲干净的情况。

对策：

通过观察分析与思考，如何能让我们的环境支持幼儿自然地养成洗手的好习惯，同时又能感受到生活的美好和快乐？我们有如下对策建议：

1. 提示符号，简单清晰。示意图和小广播的提示内容要简单、清晰，体现阶段幼儿洗手习惯培养的重点。

2. 音画结合，凸显重点。调整小广播的音效和广播的内容，小广播中的儿歌朗诵不清晰，建议重新录制。从实录中可以看出，该阶段搓手和冲洗是重点，建议儿歌内容和示意图的内容统一针对此重点创设。

3. 根据需要，直接帮助。盥洗室的生活老师要提高观察意识和分析能力，在观察到幼儿洗手方面的困难（如实录二中的幼儿手腕处肥皂液没冲干净的情况），要直接介入并给予帮助。

感悟：

1. 看得清才能看得懂；

2. 了解幼儿真需要；

3. 直接帮助更需要。

我该接多少水

——追踪两名小班幼儿喝水的个案

观察时间：2014年11月26日

观察地点：某幼儿园小二班饮水处

观察者：松江区学前中心组（个案组）（整理：人乐幼儿园方艳）

环境创设与材料投放：

1. 地面：排队等候的脚印；

2. 水桶：喝水倒多少的标识、怎样握杯子的标识、漱口的步骤图、水杯对应的照片；

3. 喝水区：幼儿倒好水后在旁边有一个专门的喝水区，幼儿可以坐着喝水。

观察实录：

片段一：

小二班的孩子们刚刚运动回来，都在卫生间里小便、洗手。一个穿蓝色衣服的小男孩从卫生间里跑出来，快速地往教室外走去。他来到了水桶前，径直走到水桶的另外一扇门前，用手将门打开，停顿了两秒，找到贴有自己照片的位置上的水杯，用食指和中指勾住杯子的小柄拿了出来，然后用另外一只手将门关上。他转身站在水桶前，微微弯下腰，左手拿着杯子，右手打开水龙头，阿姨在旁边说："倒一点点。"他马上关上水龙头，拿着杯子转身走到喝水区，坐在一个小圆凳上，我看见杯子里的水刚刚没过杯底。他把杯子端到嘴边，一仰头，整个杯子都罩在脸上。两秒后，他低下头，拿着杯子来到水桶前又接了一次水，这次水还是刚刚没过杯底。他拿着杯子再次来到喝水区，换了一个圆凳坐下，又一仰头，两秒后头低下，拿着杯子来到小门前，将门打开，把杯子放到了自己的位置上，然后随手将门关上。他喝完了水，回到了教室中。

片段二：

一个穿红色衣服的小女孩，也从柜子里找到自己的杯子来到水桶前，她把杯子放在水龙头下，然后打开了水龙头。水咕噜噜地流到杯子中，杯子里的水很快涨了上来，水已经超过杯子的1/2了，她还没有把水龙头关掉，最后水漫到了水杯的杯口，她才把水龙头关掉。然后她把杯子里的水全都倒在了水桶里。接着，她又打开了水龙头，重新开始接水。这次她很快就关掉了水龙头，低头看看水杯中只有一点点水，她又将水倒在了水桶中。她开始第三次接水，大概过了5秒，她将水龙头关掉，水杯中有1/3的水，她拿着杯子离开了。

分析：

两个片段中的小朋友一个是只接一点点水，一个是接很多又倒掉，两个人都不知道自己应该接多少水。虽然他们也去喝水了，但是，一方面他们的喝水量难以保证，另一方面也存在浪费水的现象。

保教配合很重要。保育员在蓝衣服幼儿倒水的时候说"只倒一点点"导致该名幼儿马上关掉了水龙头，而那时候他杯子里的水只有一点点。那保育员为什么会说"只倒一点点"呢？这是老师、保育员商量后的喝水指导语吗？还是保育员自己觉得喝水只需倒一点点？从这个现象我们可以发现，教师和保育员的配合、沟通非常重要，两者的要求应该是一致的、科学的，这样才能让幼儿的喝水更有品质。

标识张贴要利用。在水桶上我们发现有两组标识：一组是提醒幼儿倒半杯水、手握杯子的方法的两张图片，张贴在水桶的右侧；一组是提示幼儿漱口的步骤图，共有三张，张贴在水桶的左侧。但是在喝水的过程中，我们发现很少有幼儿去关注这些标识，怎样让幼儿去关注这些标识，进而让标识发挥提示作用？我们觉得，一是要调整标识张贴的位置，从两侧移到水桶的中间，即水龙头的正上方，处于幼儿倒水时的视线范围内。二是改变标识张贴的方式，由原来的直接张贴改成可以插入式的张贴，这样有助于教师根据近阶段的重点进行更换。三是教师、保育员要引导。在标识张贴完成后，教师要进行集体谈话，让幼儿明白这个标识的作用，让幼儿看得懂这个标识。同时在幼儿倒水时，教师和保育员要有目的地去引导幼儿观看这个标识，让标识的价值真正体现出来，使幼儿逐步养成做事前先看标识的习惯。

掌握方法是关键。接多少水的方法掌握并非只通过环境暗示就能完全有效，更需要教师的指导与提示，但关键还应让孩子明白喝多少倒多少。

小路径　大价值

——某幼儿园小班饮水环节观察与思考

观察时间：2014年11月26日

观察地点：某幼儿园小一班饮水处

观察者：松江区学前中心组（评价组）（整理：岳阳幼儿园张准）

观察实录：

实录一：

小一班的宝贝分组盥洗结束，陆续从盥洗室穿过活动室到门口左侧的水桶前排队饮水。由于放置水杯的门一直为打开状态，大多数幼儿直接取放水杯非常有序，但也有幼儿饮水后习惯性地把放水杯的门关上，但是又立即打开。由于水桶位于活动室门旁边，因此水桶上打开的这扇门占据了较大的空间，使得出来喝水和喝完进去的幼儿不时产生碰撞。

实录二：

倒好水的孩子有序地端着杯子坐在老师排好的小椅子上安静地喝水。并排的几张给予幼儿喝水的小椅子放在衣帽柜的前方。一些从活动室里走出来穿衣服的孩子，走进椅子和衣帽柜的空间内，自己尝试穿运动前脱掉的外套，他们穿的时候，掀起的衣服碰到了一些正坐在椅子上喝水的孩子手中的杯子。

思考：

饮水环境的创设没有整齐划一的标准。环境创设要根据每个幼儿园的实际情况，因园而异、因班而异，但应遵循安全、方便、愉悦、舒适的原则。该班教师在饮水环境创设中很关注幼儿生活习惯的培养：如注重有序排队、减少站立喝水、方便他人喝水等一系列具体的细节，增添了喝水标记、轻缓音乐等细节创设，也能在活动过程中，耐心细致地不断用语言提醒幼儿遵守规则。但是我们仍然能够发现，活动中出现的现象大多聚焦在"碰撞"。因此，该班级饮水区环境中的确存在一些路线规划的问题。

实录一中由于该班活动室内空间有限，水桶放在活动室门口，是非常便于孩子饮水的。而水桶上摆放水杯的门处于开放状态，也能体现教师本来的意图：为了便于小班幼儿取放水杯，减少喝水等待时间，避免重复关门以及小班初期幼儿夹手现象。但是水桶位置太靠近活动室这扇唯一能进出的门，而打开的水桶门宽度接近50厘米，挡住了活动室2/3的门口，活动过程中必然会造成进出幼儿的拥挤和碰撞。

实录二中水桶位于活动室左侧门口，饮水区椅子并排摆放在活动室右侧门口，按理说是遵循就近原则，便于幼儿休息饮水。椅子背后正好是该班衣帽橱柜，教师在椅子与橱柜间留有大约50厘米的空间。可是饮水环节正好在运动结束来盥洗如厕之后，因此前一半分组喝好水的孩子，在教师的提示下，陆续前来自主穿运动前脱掉的外套。穿外套的孩子，在甩衣服披上肩的时候，不可避免地碰到身后正坐在椅子上喝水的同伴，极易碰撞打翻他们手中的水杯。

鉴于以上观察和思考，建议该班教师在餐点环境创设中做一些调整：

活动室左侧空间还是很大的，建议将水桶往左边再移动一些，以打开水桶门不遮挡出入活动室的门为宜。

活动室正对门的走廊空间较大，可将饮水休息区的椅子移至正对门口水桶的走廊，便于孩子就近饮水，避免与衣帽橱柜旁的幼儿碰撞，也便于教师观察。

总之，结合班级实际情况规划设置幼儿饮水行走路径，合理安排水桶、休息区椅子的摆放位置，在生活环境创设中是十分重要的。小小的路径中隐藏着大的价值，教师在日常工作中应注重观察，及时反思，积极调整，努力营造通畅、舒适、自主、宽松、文明、有序的高品质生活环境。

第三篇

幼儿：
生活故事呈现教育品质

"生活故事"不是让教师学着写故事，而是一种理念与思维模式、一项行动研究、一份专业责任。在"生活故事"的项目研究中，大家深刻认识到幼儿园教育教学应始于观察儿童，并运用儿童心理学、教育学等专业理论去分析与理解。"知行合一"并非简单的理论与实际相结合，而是从思想角度让每一位教师学问思辨、笃实于行，用专业不断审视与研究，为教师的发展赋能。

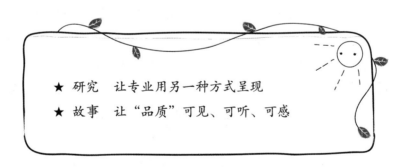

★ 研究　让专业用另一种方式呈现

★ 故事　让"品质"可见、可听、可感

在"幼儿品质生活"第二阶段项目研究的基础上，2016年9月至2018年6月开展第三阶段"以幼儿'生活故事'为载体深化'品质生活'研究与实践"项目研究。作为上海市教研室新西兰"幼儿学习故事"本土化研究项目的试点，本项目在运用前期研究成果的基础上，以幼儿"生活故事"为载体，关注幼儿日常生活中的发展契机，转变观念、跟进行为，落实"大生活观"理念。

本阶段在研究实践中，重点关注以下问题：

◎ **什么是幼儿学习故事？如何转化为"生活故事"开展研究？**

幼儿"学习故事"是一种儿童学习评价模式，是教师通过（第一步）观察，客观记录儿童行为；（第二步）识别，分析行为背后儿童发展水平与需要；（第三步）回应，有效支持儿童后续发展的一系列过程。以此促进教师更科学地观察与评价幼儿。老师不是写故事，而是一种理念与思维模式体验、一项行动研究、一份专业责任。由此，从幼儿"学习故事"迁移至幼儿"生活故事"，更多关注幼儿在园生活中发生的故事。

◎ **如何以"幼儿生活故事"为载体深化"品质生活"项目研究？**

在前两个阶段的研究实践中，"品质生活"项目推进遭遇瓶颈，即如何聚焦"大生活观"，拓展工作室项目研究的深度。借助"生活故事"正是解决难点问题的有效策略。一方面，教师教育理念的转变需要依托"生活故事"实现。"学习故事"的重要理念是"儿童并不是一张白纸，而是有能力、有自信的学习者和沟通者，教育儿童意味着要尽其所能和用各种可能的方法来赋予每一个儿童以力量。因此，教育不是要改造儿童，而是要赋予儿童力量"。这样的理念能帮助教师提升专业认知，从内而外地去实践理念、转变行为，沿用至"生活故事"也是如此。另一方面，"生活故事"既是一种评价儿童的方法，也是一种研究方法。将幼儿园教研生长点的突破运用于幼儿园教研活动中，不断影响教师用研究的视角观察幼儿，在真实的情境中完成结构性观察和记录，提供反映幼儿发展的持续性画面，记录幼儿学习的复杂性，交流幼儿的故事，在分析与回应中借用表现性评价的方式去评价和反思幼儿发展。

该阶段成果聚集了工作室成员的智慧，感谢成员所在幼儿园的支持与奉献，更感谢上海市教委教研室王菁老师提供的学习机会与指导。

（备注：第三阶段唐晓晴首席教师工作室与区学前中心组整合，成员杨益、居晓莉、朱静、许晓娴、王佳、胡沈燕、孙婷、孙玮、周婵、王绪、张洁、姚远、朱伊妮、周玲、赵景、赵夏菁、姜倩、唐凡雅、薛思怡、褚雯婷、徐文、肖丽娜、李佳、曹敏、殷永杰、徐佳、张慧兰、钱珍珍、彭联群、张慧、鹿爽、邵昆、谢文辉、张燕、夏楠楠、王益梅、方艳、陆云参与了项目研究与成果汇编）

研究：让专业用另一种方式呈现

尝试幼儿"生活故事"的研究

2016年9月，随着新一届工作室（即中心组）的成立，我们与"生活故事"不期而遇、有缘相识、真心相知，开启了一段美好的向儿童学习的旅程。

一、缘起——我们与"生活故事"相遇

当新一届中心组成立之际，作为区域学前专业引领团队，该选择怎样的专题以解决全区幼儿园课程实施中的难点问题，又将以怎样的方式开展研究实践呢？当我们正在犯愁时，"学习故事"悄然而至。

1. 分析与思考：区域特色研训的深化——"品质生活"研究与实践再遇瓶颈

本阶段项目研究是前两个阶段"品质生活"特色研训的拓展，力图将前期成果进行推广，在此基础上聚焦"大生活观"，拓展项目研究的深度并解决之前发现的问题（见表3-1）。

表3-1　区域"品质生活"特色研训项目开展情况回顾

研究阶段	内容	成效	问题
第一阶段"品质生活"研究与实践（2012年9月—2014年8月）	幼儿园一日生活环节优化的研究与实践	以一日生活环节为抓手，以教师习以为常的问题为突破，研究成果为教师提供各环节组织实施的操作手册，对优化活动实施有积极作用（"离园活动的组织"首次制作成市级研修一体网络第一期课程）	教师只是关注生活环节的优化操作，但对于组织生活活动能力少关注、较欠缺

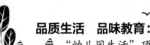

续　表

研究阶段	内容	成效	问题
第二阶段"品质生活"研究与实践（2014年9月—2016年8月）	教师组织生活活动核心能力的研究与实践（2014年9月—2015年6月）	从教师组织生活活动六个方面核心能力入手，生活活动中的幼儿观察、家园共育、师幼互动、环境创设、个别化教育、生活评价，形成相关经验提示	核心能力的落实需要载体，教师对于成果经验的运用有困难
	以幼儿园"值日生活动"为例，落实幼儿"品质生活"的研究与实践（2015年9月—2016年8月）	以幼儿园"值日生活动"为例，运用第一、第二轮"品质生活"研究成果与经验，依托活动载体开展"品质生活"第三轮专业行动研究与实践，形成相关教师培训课程等成果。其中《幼儿园值日活动的组织》制作为市级研修一体网络第二期课程	从教师对生活活动的重视与落实到幼儿生活习惯养成均有成效，但如何树立"大生活观"，使品质生活真正内化于教师心中，落实于行为还存在问题

基于上述思考，借助"学习故事"解决目前专题研究中的难点问题是有效的策略。同时，依据生活活动的研究范畴，将"学习故事"迁移为"生活故事"，以此开展实践研究。

2. 设计与计划：确定"生活故事"开展专题研究的路径

（1）问题导向，按需研训

在确定借助"生活故事"开展专题研究与实践后，围绕幼儿"生活故事"和"品质生活"等关键词，一方面针对成员教师开展相关问题收集；另一方面针对区域在生活课程实施中的问题再次进行调研与问题发现，从问题出发，按需开展研训活动。以下举例我们收到的问题。

关于"生活故事"的问题与困惑：什么是"生活故事"？我们的故事与新西兰故事的联系有何相同与不同？开展"生活故事"意义何在？如何进行观察、识别与回应？如何确立故事主题与撰写？……

关于"生活故事"与"品质生活"关系的问题与困惑：为什么选用"生活故事"为载体开展"品质生活"的深入实践？如何以"生活故事"为载体，开展生活活动中幼儿行为观察、识别与回应的初步探索？……

在问题中确立研究的线索与每次活动的话题等，从教师需求出发，以问题为导向，体现按需研训。

（2）问题分解，由外而内

在确定专题研究的主题及了解教师需求与存在的问题后，将问题进行分解，采用预约任务—网络通知—预备主题—现场教研—成效沟通的方式，将问题分解，由外延逐步转向核心内涵的研究与探索，以此开展每一项目的研究活动（见表3-2）。

表3-2　项目研究的主题（问题分解）举例

序号	时间	主题（问题分解）
1	2016年9月22日	活动一："我们"与"幼儿学习故事"的相遇 1.关于开展学习故事的问题调查 2.初步接触幼儿"学习故事"（"幼儿学习故事"的起源、概念、目的、开展方式与运用如何，了解"学习故事"的核心要义）
2	2016年10月28日	活动二：走进"幼儿生活故事" 1.分享第一次撰写学习故事的感受，交流各自的问题或困惑 2.问题讨论与解答：幼儿"生活故事"与案例有什么不同 如何让故事有价值？——关于故事主题 如何给故事取名？——关于故事命名 如何呈现故事体例？——关于故事结构
3	2016年11月25日	活动三：我们的"生活故事"（一） 1.分享前两次的学习故事，感受两次故事的不同，进一步理解"生活故事"对于教师专业成长的意义 2.分组讨论与交流：什么是学习品质？幼儿生活活动中学习品质典型表现有哪些 3.案例分析：以小班幼儿生活故事为案例，尝试运用《幼儿生活活动"学习品质"观察表》进行识别与分析
4	2017年1月4日	活动四：我们的"生活故事"（二） 1.分享前三次的生活故事，感受运用《幼儿生活活动中"学习品质"观察表》后撰写故事的不同，理解与分享"生活故事"对于自身专业成长的作用（价值） 2.分组讨论：以中班幼儿生活故事为例，生活故事的各要素如何呈现 3.案例对比：从生活故事的要素出发，分析这两则生活故事哪一则更好些（故事名称是否点出中心？注意部分反映的主题价值如何？文字表述与信息充实如何？识别部分的分析维度与分析准确如何？回应部分的回应机会与可能充分度及给予发展支持如何）

（3）问题解决，经验复制

在解决一个个问题的过程中，运用感受、体验、实践等方式，积累经验，并将经验进行复制与推广。一个个生动的"生活故事"诞生的过程，就是问题解决的过程，教师用笔说话、用情交流、用心感悟，在活动中观察、即兴分享；在活动后反思、感悟分享；在反思后实践、心得分享，将学、观、思、行、悟相结合，大家感悟到其中最有效、可复制的经验就在于对孩子的"爱"。

"生活故事"的宗旨在于"改变"，基于研训重心的改变、工作视角的改变；"生活故事"的基点在于"爱"，爱孩子是关键。

二、行动——我们与"生活故事"相识

（一）一个故事、三次尝试——体验什么是"生活故事"

1. 尝试写故事：共同学习，感受乐趣

感受一：新西兰的"学习故事"。与教师第一次接触"学习故事"是一起学习了新西兰的"学习故事"，在聆听中大家对于既熟悉又陌生的词有了认识与感受，而留下最深刻的印象还是那一句"相信孩子是有能力、有自信的学习者"。在这句话的感召下，教师开始意识到原先自己的理念及行为存在的问题，更理解了相由心生、境随心转。

感受二：上海市教研室带领研究的"学习故事"。与此同时，上海市教研室王菁老师带领我们开启了"学习故事"本土化的研究与实践。每次活动犹如雨后甘霖，带给我们新的启示与思考，在共同学习中体验着研究内容的同时更感受到研究思路与方法的科学性。

感受三：我们的"生活故事"。在学习了新西兰的"学习故事"与上海市教研室带领研究的"学习故事"之后，迁移运用，教师尝试写"生活故事"，第一次的撰写基于理论学习后的经验以及自身的理解，而基于已有经验的撰写让教师感受到新鲜而有乐趣。

2. 尝试修改故事：个体分享，感受异同

当看到教师第一次撰写"生活故事"、听到大家交流第一次撰写的感受后，既在意料之中，又在意料之外。意料之外的是，22个故事中有10个故事从体例到内涵以至文字表达均体现了一定水平；意料之中的是，还是有一些"生活故事"的确反映出一些问题，如许多教师运用以往案例撰写的经验，从教师立场出发，未能体会与反映"生活故事"的核心要义，在理念上仍出现教师高控与不信任幼儿的问题，在表达上只有观察部分，缺少识别与回应等。同时，

在交流中许多教师也有相同的困惑，如："生活故事"与平时写的案例有什么不同？"学习故事"只能在学习活动中开展吗？等等。由此，我们以成员曹敏老师的故事《Evan和布布熊》为例，针对出现的问题重点从以下几个方面进行研讨，并达成共识。

（1）厘清与案例研究的异同。在研讨中，着重从识别回应的重点、叙述表达的视角、记录呈现的立意、参与对象的范围四个方面分析了"生活故事"与"案例研究"的异同，再一次强调了幼儿主体、平等视角、客观记录、科学分析、发现可能、家园共享等重要观点。

（2）厘清与生活载体的关系。在本专题研究中，"生活故事"作为重要载体，更多引入的是一种理念、一种视角、一种科学的研究方法，以此推进幼儿园生活课程的实施质量，促进幼儿生活习惯与能力等方面的提高。因此，"生活故事"并非只能发生在狭义的生活活动中，而是幼儿在园一日活动中均可发生，幼儿的学习生活发生于幼儿园的所有活动中。

与此同时，针对"生活故事"主题的确定与命名、故事结构与体例进行了较为详细的分享和介绍，为中心组教师对照修改第一次撰写的"生活故事"提供专业支持。

3. 尝试再次修改故事：对照反思，感受专业

经过修改，教师们带着自己的故事再次参加项目活动。活动前同样先让大家谈谈修改后的感受与体验，每一位教师深切的感受与真切的话语，感动了参加活动的每一位教师，并受到鼓舞，而发自内心的视角转变是大家的共识。在此基础上，趁热打铁提出以下问题，引导教师进行反思，从专业的角度更进一步。

反思一：我的故事是否有感动自己的地方？哪一点最打动自己，决定把这个时刻记录下来？

反思二：我的故事背后反映与儿童的关系如何？作为老师，还想从孩子身上学到些什么、了解些什么？

反思三：我的故事要素是否齐全——最想和别人分享××幼儿在这个故事里表现出来的哪些特质？我还可以创设什么条件，让互动更有意义？

在以上问题的反思中，教师对照自己修改的故事又发现了可以改进的地方，于是纷纷要求再次修改故事。

运用"生活故事"开展工作室项目研究的策略之一，在于基于实际、自主体验、迁移创新。

（二）案例切入，集体研讨——体验如何开展"生活故事"

1. 先定位——案例解析、达成共识

在开展研究的初期，与教师共同研讨，达成共识十分重要。而如何达成共识是难点，这就需要改变以往以理示例的单一方式，采用以例释理的思路，选择案例、头脑风暴、思维碰撞，以此更易达成共识。因此，我们确定了以案例切入，选择了教师首次尝试撰写的具有代表性的一个故事《Evan和布布熊》，以此作为解析对象，从主题选定、要义分析、表述方式、识别维度、回应可能等方面进行集体研讨，达成共识。

2. 再行动——确定"观察—识别—回应"行动路径

当与教师们在理念上达成共识后，分析案例中的行动路径，即观察—识别—回应，作为所有教师开展研究的行动路径，鼓励大家在日常工作中开展行动，在一日生活中开展观察，捕捉有价值的故事进行记录，依据观察表进行分析与识别，思考回应的可能并在实践中落实追踪。

3. 后推进——部署"逐步专业"研训战略

在教师均尝试开展行动后，给予"逐步专业"的时间与空间，即从愿意坚持一段时间观察幼儿，尝试客观记录——在观察与记录的基础上，尝试分析识别；在观察、记录、识别的基础上，尝试回应。在逐步推进的过程中，让每一位教师找到目前的发展点，并螺旋式拾级而上。

运用"生活故事"开展工作室项目研究的策略之二，在于精准定位、厘清路径、科学部署。

三、体验——我们与"生活故事"相知

1. 同伴互助——有氛围

本次借助"生活故事"的研究与实践并非单打独斗，即以每一位教师独自撰写故事为主，而是一个团队、一群专业伙伴共同的学习、实践与反思。其中，教师可以与其他成员共同观察幼儿、互相讨论分析识别幼儿行为并分享经验，相互评价各自的"生活故事"，这样更有助于改善自我的认知与教学行为，同伴互助让"生活故事"的研究与实践更有氛围，使教师之间相互帮助、彼此支持、共同成长。

2. 专业支持——有引领

在这一项目研究中，"生活故事"给予教师更多的专业支持，尤其是关于儿童观、教育观上的认识与转变。引领教师从理论层面理解为什么要这样做，从实践层面了解我可以怎样做，并在不断的问题解决中形成经验。

3. 自我实践——有反思

在整个研究过程中，教师必须经历自我实践的过程，即让每一位教师加入"生活故事"的研究与实践，在一次次设定目标努力达成、再设定下一个目标努力达成的递进中，不断反思与提升。

运用"生活故事"开展工作室项目研究的策略之三，在于同伴互助、专业支持、自我实践。

四、收获——我们将继续与"生活故事"相伴

收获一：让专业用另一种方式呈现

以"生活故事"为载体的项目研究让教师感受到我们与幼儿、家长的心越走越近。正逐渐让专业走进幼儿在园的每一天、每一刻。这种专业不仅仅是唱、跳、说、画等专业技能，也不仅仅是观察、组织、评价等专业能力，而更是一种专业态度、专业自信与专业自觉。它让专业用另一种方式呈现，以更亲和、自然的状态展现学前专业的温度与深度。

收获二：让专业看得见、听得到

当一个个精彩的"生活故事"呈现于我们眼前，当教师将这些故事娓娓地讲给幼儿、家长或是其他教师听时，"专业"二字显得那么立体而有力。在这些故事中，我们发现，幼儿看似一个不经意的举动、一个可笑的想法、一件不起眼的小事，却反映了他们对世界的认知与探索、逻辑与创意，那些都是多么了不起而令我们成人刮目相看的呀！在故事中读懂幼儿并尊重、理解、包容、支持他们，让我们的专业看得见、听得到。

收获三：让专业成为一种习惯

在教师撰写的"生活故事"中处处流露出研究者的姿态，他们静心观察、细心分析、精心回应，从每一天、每一刻的观察到背后大量的信息收集与筛选，从幼儿行为的记录到行为背后幼儿年龄特点、心理特点、家庭背景等的综

合分析与识别，从幼儿当下的发展需要到幼儿今后发展可能的支持与机会创设，而这样的研究在不断"学习故事"的开展中逐渐成为习惯，一种自然而然的专业习惯。

感悟：该项目研究的收获在于让观察成为一种习惯，让思考成为一种自发，让行动成为一种自觉。

一则幼儿"生活故事"的诞生

幼儿"生活故事"借用了新西兰幼儿"学习故事"的理念与实施，迁移运用。接着，让我们跟随观察一则幼儿"生活故事"。

一、活动综述

第一次活动：

我们共同学习，留下印象最深刻的是那一句"相信孩子是有能力、有自信的学习者与沟通者"。回去后，大家纷纷尝试交来了第一份作业，在22个故事中，岳阳幼儿园王绪老师撰写的《戒狗大戏》引起了我的注意。故事大致是：

9月刚开学，小班女孩诗诗每天上学都会带着她的玩具小狗，游戏、运动、午餐、午睡，一整天诗诗都与小狗形影不离。虽然王老师很理解，那是她第一次离开爸妈的情感寄托，但是由于整天抱着小狗的诗诗错失了许多活动机会，于是王老师决定帮助她"戒狗"。王老师藏起小狗，可因诗诗的哭闹与抗议，只得还给她；王老师找家长沟通，不要带小狗来幼儿园了，可家长因心疼孩子哭，还是一脸歉意地带来了。有一天，王老师演起了小狗生病戏，"哎呀，诗诗你看小狗吐了，它生病啦！"果然，诗诗也跟着紧张，让小狗在旁休息，她抱小狗的手终于得到了释放，开始跟着老师学做操了。就这样，王老师在诗诗面前上演了两天狗狗的各种生病状况。第三天，诗诗来到幼儿园，拉着王老师的手就说，自己的小狗又生病了，还主动要求把小狗放在小床上休息。这样的情况持续了两周，但诗诗每天还是会带着小狗来幼儿园。

故事讲到这里，大家一定好奇，后来呢？先不着急，卖个关子。让我们回到中心组活动现场。

第二次活动：

当王老师分享这个生活故事后，头脑风暴开始了：诗诗每天带小狗入园的行为一定要戒吗？对于小班幼儿入园初期的这种常见行为，我们该如何看待与回应？更有老师提出，这样的生活故事与以前撰写的教育案例有什么不同？于是，围绕"戒狗大戏"这一案例，首先厘清其与案例研究的异同，然后针对"生活故事"主题选定、要义分析、表述方式、识别维度、回应可能、达成共识，最后借鉴并研发了相关专业工具，更重要的是需要引导教师对故事中诗诗的行为进行分析与识别：

1. 诗诗对小狗依恋是积极行为，并非必须纠正的不良行为。是其对幼儿园新环境不适应的表现，从儿童心理学角度分析，这是她自身积极克服分离焦虑的一种方式。

2. "戒狗"是表象并非目的，形成安全依恋才是目的。离开小狗能更多接触新环境与新朋友，体验一起玩的快乐，减少分离焦虑的恐惧。

3. 泛灵心理表现与同理心发展。诗诗认同小狗生病并如此看护正是儿童直接依赖知觉或表象中所注意对象的某一拟人特点，因为儿童思维水平决定儿童缺乏关于"活的"心理系统化的正确知识，而以往生病时的情绪体验是诗诗泛灵心理产生的条件。

在这样引领下，大家开始意识到知行合一，并深刻认识到幼儿园的教学应始于观察儿童，尽力分析与理解他。

在这次活动的触动下，教师们再次修改自己的故事。

第三次活动：

大家对照反思：我的故事是否有感动自己的地方？故事背后反映与儿童的关系如何？作为老师，还想从儿童身上学到什么，了解什么？创设什么条件，与儿童的互动更有意义？

接着，再回到那个故事，以下是王老师的反思：在交作业的前一天，诗诗的班主任给我发了一条短消息，说因为诗诗担心小狗生病，所以不带来幼儿园放家里了。现在回想，孩子的努力让我感动，更让我内疚！内疚自己怎么没有用心去总结她的这些点滴进步，而去纠结这个小狗到底戒掉没有，是我太功利，只关注结果。

一个故事、三次尝试，通过先定位——案例解析、达成共识，再行动——确定"观察—识别—回应"行动路径，后推进——部署"逐步专业"研训战略，将学、观、思、行、悟相结合，将研究与培训无缝合一。幼教专业不仅仅是唱唱、跳跳、带孩子，在这项研究中，我们见到更多的是现象背后的儿童心理学、教育学等专业理论的支撑，它以更亲和、自然的状态展现学前专业的温度与深度。

二、活动感悟

感悟一：让专业看得见、听得到

当一个个精彩的"生活故事"呈现于我们眼前时，"专业"二字立体而有力。由此研究变得真实、接地气，让每一位教师看见儿童，看见自己，因此而改变，研训的魅力也在于此。

感悟二：用更专业去审视与研究

笔者理解与认为的更专业是知行合一。明代著名思想家、军事家王阳明提出知行合一，"知的真切笃实就是行，行的明察精觉就是知"。知行合一并非简单的理论与实践相结合，而是从思想角度让每一位教师学问思辨、笃实于行，用专业不断审视与研究。

感悟三：让专业研究成为一种习惯

奥维德说："没有什么比习惯的力量更强大。"当专业研究成为习惯时，教师的专业将随之不断进阶。在上述"学习故事"研究案例中，教师处处流露出研究者的姿态，从相信孩子的信念到持之以恒的坚持，在每一天、每一刻的观察、识别、回应的行动中，研究逐渐成为习惯，一种自然而然的专业习惯。

故事：让"品质"可见、可听、可感

　　以下是教师在参与研究中积累的部分幼儿"生活故事"，在此与大家分享，并在品读故事中体会专业的力量，感受教育的品质。

紫希的午餐

【故事时间】

2016年5月3日

【故事地点】

上海市松江区华亭第二幼儿园小班餐厅

【故事作者】

上海市松江区华亭第二幼儿园唐凡雅

【故事主人公】

叶紫希（化名，女孩，4岁半）

【故事内容】

　　叶紫希是一个4岁半的小女孩，和爸爸、妈妈、奶奶一起生活。在家中，她是小公主，爸爸、妈妈和奶奶对她百依百顺。每天来幼儿园，妈妈开车，紫希就在车上喝奶（奶瓶装，大约250mL）；幼儿园里的点心，她会根据自己对饼干的喜好程度来决定今天是否吃饼干和牛奶。午餐时，她的进餐速度很慢，常常剩饭剩菜，坐姿也是东倒西歪或侧身坐。偶尔，周三吃面食时，能够吃完自己的一份。下午放学回到家，奶奶担心她在幼儿园里午餐吃得少，一到家就给她冲奶粉喝。到了晚餐时间，一家人一起进餐时，她有时吃一点，有时索性不吃，爸爸、妈妈也不会强行要求她必须吃晚餐。于是，晚上睡觉前还要喝奶。

近期，我对紫希午餐时的座位进行了调整。原先，考虑到她进餐慢的问题，请她坐在第一组（即葡萄组），观察一段时间后发现，效果并不大。于是，我请紫希坐在了第二组（即生梨组），这组中有三个孩子进餐习惯较好。

1. 我观察到的

一名幼儿右手拿着勺子，左手扶着碗，一口白饭、一口西蓝花吃了起来。身边的伊伊和朵朵东看看、西瞧瞧，紫希没有被影响，双眼看着菜碗，自顾自地在挑着西蓝花。

一名幼儿舀起一颗丸子咬了一口，嚼了嚼，对朵朵说："这个丸子真好吃。"说完又默默地吃起了饭和菜。朵朵竖起食指，对着自己的菜碗数了数，说："我还有3个，有一个让我吃掉了。"伊伊数了数丸子，对着朵朵说："我也是3个。"这时，紫希用食指数了数，笑着对伊伊和朵朵说："我是4个，一个被咬了一口。"说完后，紫希继续吃饭菜。朵朵用勺子数丸子时，发现了菜碗里的西蓝花，边舀起来边说："老师，我爱吃西蓝花。"紫希一边不停地嚼着，一边看着朵朵，几秒后，对朵朵说："这不叫西蓝花，这叫花菜。"朵朵听后说："西蓝花菜。"紫希对着朵朵说了两遍："不是西蓝花菜，是花菜。"接下来，各自继续吃着饭和菜。

紫希看到朵朵将菜碗里的菜汁往饭碗里倒时，对朵朵说："妹妹你好搞笑哇，倒哇倒哇，你把东西倒在桌子上了。"说完后，低下头继续吃饭。吃着吃着，紫希发现自己衣服上沾了饭粒，就从衣服上取下饭粒放到了垃圾盘里，把桌子上的小饭粒也放到了垃圾盘里，来回几次，直到衣服和桌面都干净为止。

最后，紫希没有吃完米饭，但喝了汤、吃了哈密瓜。

2. 这个故事告诉我们什么样的学习可能发生

（1）从紫希和伊伊、朵朵一起进餐的过程中，我看到了紫希有着较强的适应新环境的能力。这个故事发生在紫希调到生梨组进餐的第一天，幼儿们吃饭的过程轻松自在，紫希还非常乐意和身边的同伴交流，让我看到了紫希较强的适应能力。

（2）在进餐中，紫希和伊伊、朵朵数丸子的过程让数数活动自然发生了，让我看到了幼儿们的学习无处不在。其中，紫希主动、积极地参与了数丸子，手口一致并能说出总数，过程还是那么有趣（因为其中的一个丸子已经被她咬了一口）。

（3）在紫希和朵朵关于"西蓝花"和"花菜"的讨论中，我看到了一个关注同伴且善于观察、质疑的幼儿，只是对于"西蓝花"和"花菜"的认知经验，幼儿还不那么清晰（因为午餐吃的的确是西蓝花）。

（4）从整个进餐的过程中，可喜地看到了紫希进餐态度的变化。从一开始的不受同伴影响到后来将桌上的饭粒捡干净，紫希在进餐中都是积极、主动的。同时，紫希在吃饭时一直关注同伴的行为，当看到同伴把汤洒在桌上时，还及时提醒。

（5）整个进餐的过程，让我看到了紫希进餐的计划性。按照先吃什么、接着吃什么、最后吃什么的进餐顺序，努力做着。虽然最后没有吃完饭菜，但紫希还是按顺序先喝汤再吃水果。

3. 下一步学习的机会和可能性

（1）在以后的进餐活动中，我需要抓住孩子们对食物的兴趣与好奇心，或许可以在餐前进行生动有趣的关于"今天吃什么"的小小交流。一方面引起孩子们的食欲并随机丰富相关食物的认知经验；另一方面将孩子们在进餐时的讨论交流前置，避免进餐过程中因这样的讨论而引发不良后果（如进餐不专注、食物噎住等）。

（2）把紫希在进餐时将桌子、衣服上的饭粒捡干净的事，与孩子们分享，表扬与鼓励紫希的同时，激发更多的孩子能这样做。

（3）和紫希的家人（爸爸、妈妈和奶奶）分享这个故事，让他们了解紫希在幼儿园进餐中的出色表现，相信紫希能独立进餐，并且吃得很好。同时向紫希的家长了解每日早餐的进餐情况及食量，与生活老师沟通，特别为紫希采用量少多添的盛饭方式，并适当减少饭量，以减少每日因吃不完饭菜而得不到五角星奖励的挫败感。

（4）建议紫希的爸爸、妈妈和奶奶逐步与幼儿园一起帮助紫希养成按时进餐的好习惯，尤其是放学后可少量吃一点，以保证紫希在晚餐时能与家人一起愉快进餐。

诗诗和我的"戒狗大戏"

【故事时间】

2016年9月1日—11月11日

【故事地点】

上海市松江区岳阳幼儿园

【故事作者】

上海市松江区文诚幼儿园王绪

【故事主人公】

诗诗（化名，女孩，4岁）

【故事内容】

9月初，小班孩子们入学了。作为业务园长的我，进入小五班，协同班主任一起参与了两个星期的情绪安抚工作。第一天，我就注意到了你——诗诗。你情绪不稳定，想到妈妈就会哇哇大哭，哭得频繁、哭得突然、哭得没规律可循。我会抱抱你、拍拍你，满足你的各种需求：陪玩、陪聊、陪哭。就这样，我博得了你的信任，你一直跟着我，偶尔会好好地和我交谈几分钟，偶尔会瞥几眼周围的同伴，偶尔也会玩一玩你感兴趣的玩具。但是，我注意到，你的手里一直拿着那只毛绒狗狗。于是，我们的故事就从这只不谙世事的"狗"开始……

1. 我的观察

2016年9月

开学三天了，你每天都会把毛绒小狗带过来。游戏、运动、点心、午餐、午睡等一切环节，你与小狗形影不离。亲爱的诗诗，我特别懂你，读幼儿园对你来讲，是这辈子第一次离开爸妈独自闯荡，小狗是你的寄托，是你的全世界，对吗？所以，一日活动中，任凭老师的故事多么生动，音乐游戏多么开心，你还是一直拉着狗狗在身边。

今天，徐老师讲了一个很有趣的故事，你听得入了神，半张着嘴，完全沉浸在故事中。我试着悄悄把你的狗狗放起来，你仿佛有了察觉，突然一回身，摸不到狗狗的你慌张地问我："我的狗狗呢，我的狗狗呢……王老师我要我的狗狗……""哇"的一声，你哭了！吃午饭了，我再一次试着悄悄把狗狗藏在一边，你发现之后立刻放下碗筷，哭着追逐你的狗狗，一定要放到桌子上看着它才会心安。做早操、户外运动，你的同伴们可高兴了，他们笑哇、跑哇、叫哇，真开心！可是你每一次都选择不去玩，抱着狗狗看着大家。就这样，每天在狗狗的陪伴下，你度过了来幼儿园的头三天。

宝贝，看到你这样，仿佛看到了我的儿子刚入学时的情景。我深知幼儿园的任何人暂时替代不了狗狗在你心中的位置。但是，我要试着让你尽快适应集体生活，让你去感受狗狗所不能带给你的一切。来吧，让我们明天开始上演"戒狗大戏"。

第二天，我和你的爸爸妈妈沟通，告诉他们，你在幼儿园里为了狗狗已经错失了种种，让他们配合一下，就不要带狗狗到幼儿园来了。但是，爸妈心疼你哭，照样一脸歉意地带来了狗狗。我特别理解当爸妈的心情，没关系，王老师陪你一起"戒掉狗狗"，一起陪你"闯天下"！

第三天，早上来园，我开始上演："哎呀，哎呀呀，诗诗！你看你看，狗狗怎么吐了呀？"你一脸懵懂。（可能心想：王老师是不是疯了，玩具狗怎么会吐）"你看诗诗，地上的水是刚才狗狗吐的，你一直抱着它，把它拎来拎去，它当然不舒服了。你问问它是不是不开心了？"你真的问了："狗狗，你吐了吗？狗狗，你不开心了吗？""当然了，看，它都说不出来话了，你让它在桌子上安静地躺一下好吗？等它好一点了，再抱它。"于是，你点点头。（真不敢相信，你竟然真这么做了）在接下来的学习活动中，你会时不时地回头看看你的狗狗，也会问你的狗狗好了没有。但是，很明显，离开了狗狗，你注意力集中的时间长了。做早操了，我继续演："哎呀，诗诗，你看你看，狗狗怎么哭啦？"你还是一脸懵懂地重复我的话："啊？狗狗哭啦？""是啊，你看哪，狗狗哭得可伤心了，它也想和我们一起做操。你一直抱着它，它好像伸不开腿，要不你把它放在旁边的椅子上，和我们一起学做操吧。"（你又真的照做了）虽然你把狗狗放下了，但是你还是会不时地看、不时地问。尽管如此，你抱狗狗的手得到了释放，能够跟着老师学做操了。就这样，我在你面前上演了两天狗狗的各种惨状。

第五天，你来到幼儿园，看到我的第一句话就是："王老师，你看你看，狗狗哭了。"（天哪，真想说：诗诗你太有天分了）"狗狗为什么哭呀，诗诗？""它刚才在路上吐了，它不舒服了。""哎呀，肯定是晕车了，那我们让它在旁边休息一下好吗？简直太可怜了。"

就这样，我和你每天相互上演、相互幻想狗狗身上发生的各种状况。不同的是：你也会主动友情出演，只要是能够让你把狗狗放在一边的段子，我都大力支持。改变的是：你参与活动的时间长了，注意力集中的时间长了，会主动回答老师的问题。当然，有时候你也会说想抱抱狗狗，我是同意的。多数时候的午睡，你是抱着狗狗入睡的，我会在你睡着之后，悄悄把狗狗拿下来，放在一旁。

两周的行政全天进班结束了。后续，我也会每天来你们班级看一看，关注一下你的狗狗。你依旧会带来狗狗，看到我就会和我讲狗狗的事：它今天没哭，今天很乖……我真的非常欣慰，觉得狗狗对于你的意义已经悄悄发生了变化。

2016年10月15日

今天，我收到了你的班主任徐老师的短消息，她特意告诉我，从昨天开始，你终于愿意把狗狗放在家里了。因为徐老师在小朋友面前介绍了近期手足口病的肆意蔓延，让你一定要把小狗放在家中好好休息，不能让狗狗乱跑，否则会被传染到。于是，你真的没有把狗狗带到幼儿园。

2016年10月24日

今天，我在活动室里看到你，没有狗狗陪伴的你正在和同伴们室内运动。你做操时真神气，爬垫子也爬得非常快，还能和同伴一起收器械。

2016年11月11日

今天，我又去班级看你，你在大口吃午饭。你告诉我，你能把饭菜全部吃干净，还嘱咐我，让我吃好饭给你讲故事。上周开始，因手足口病关班的班级，全部解禁了，孩子们可以带自己的玩具来园了。于是，我特意朝玩具箱里看了几眼，没找到你的狗狗，便问："诗诗，狗狗今天没有和你一起来幼儿园吗？"你说："狗狗不来了，狗狗会乖乖在家等我。"我又问："那你会想它吗？睡午觉它不陪你，你能睡着吗？"你说："我早就不用狗狗陪了，徐老师说我长大了。"

2. 我的识别

当我看着你与狗狗从寸步不离到只字不提，特别为你高兴。从这个故事中，我看到了你身上很多闪光的品质：

（1）你是一个努力适应集体生活的孩子

你不愿意离开你的狗狗，是因为刚来幼儿园，对于陌生的环境、伙伴、老师、作息生活等的不适应。因为陌生所以恐惧，因为恐惧所以不安，而狗狗是能带到幼儿园陪伴你的最熟悉的"伙伴"。你选择这样的方式减缓你的入园不适应，正是你努力克服分离焦虑的表现，这不是一种必须纠正的不好的行为。只是，因为狗狗影响了你参与集体活动，"戒狗"的背后是帮助你更多接触新环境，有更多机会体验与老师、同伴一起玩的快乐，从而形成安全依恋，减少分离焦虑中的恐惧，让你感到安全。

（2）你是一个个性善良、天真有爱心的孩子

当我在你面前第一次上演"狗狗吐了"时，你脸上天真的表情告诉我，你相信了，并且愿意让狗狗单独休息一下，说明你善良的内心与爽朗的个性，愿意去帮助狗狗。当我在你面前高频率上演狗狗的各种行为时，其实我能看得出，你十分不愿意离开狗狗。但是，你还是一次次做到了。当徐老师说传染病期间狗狗要在家休息时，你能做到把狗狗不带进幼儿园，说明你是一个有爱心的孩子。

（3）你是一个乐于交往、善于模仿、善于想象的孩子

当你主动向我讲述你的"狗狗晕车"时，我知道，我们每天与狗狗上演的"剧情"影响了你，你开始模仿了，你开始主动想象并友情出演了。之后，每一次你看到我，都能够主动打招呼，并愿意亲近我，让我给你讲故事听。诗诗，你真棒！

3. 我的回应

★让爸爸妈妈知道，你在幼儿园有多棒吧！

诗诗，我们知道"恋物"是你这个年龄的特质，想想又何必那么纠结，一定要让你强行"放下"？但是，看到离开了狗狗的你，更能够每天在幼儿园快乐地参与各种活动，老师真为你感到骄傲。毕竟，毛绒玩具也有一定的不安全性，老师也希望在家中睡觉尽量不要搂着狗狗。老师会和爸爸妈妈沟通，让他们知道你在幼儿园有多棒，在家中也一定可以和幼儿园一样本领大！

★让老师们继续关注你在幼儿园的表现吧！

适应了集体生活的你，渐渐地让我们惊喜：你热情、善交往、有想象力，这些学习品质会让你在各种活动中不断受益，也期待你在幼儿园的集体生活中不断成长，给予自己和我们更多惊喜。

诗诗，谢谢你！让我在一个小班孩子的身上看到了最可贵的童真、善良与可爱，也让我看到了你的班主任徐老师对小五班孩子教育的用心与细致，更让我学会了敢于面对问题，敢于尝试改变。亲爱的诗诗，王老师以后会继续关注你，静静地等待你的成长！

健康讲座真有趣

【故事时间】

2016年9月22日

【故事地点】

上海市松江区泗泾第四幼儿园

【故事作者】

上海市松江区泗泾第四幼儿园谢文辉

【故事主人公】

慧慧（化名，女孩，6岁）

【故事内容】

这是大二班的一次角色游戏现场，孩子们自主地选择材料，商量游戏内容。今天你的举动引起了我的注意。

1. 我的观察

你邀请三个朋友一起玩游戏，你清了清嗓子说："人满了可以开课了，这里是健康讲座，你们要仔细听哦，这是我们健康讲座的第一节课。"旁边的小朋友开始拿起吸管在纸上假装写字。你看了一下非常满意地说道："现在人们的身体越来越不好，有很多原因，我们每天呼吸的空气都是有毒的，每天喝的水都是不干净的，而且气候也越来越热。"说着你转身拿来一个地球仪，用吸管指着不同颜色的板块说："你看这边黄色的就是沙漠比较多，红色的地方污染比较严重……"接着你又拿来一个多种颜色的算盘，开始用吸管将红色珠子从右拨到左说："很多孩子都肥胖，是因为喜欢吃肉，每天都吃很多垃圾食品。如果要健康那就需要多吃蔬菜（拨动绿色珠子），这个占百分之九，多做运动（拨动蓝色珠子），这个比例是百分之二十，不吃垃圾食品，多晒太阳。"我马上问："你觉得我健康吗？"你呵呵笑着说："还行，你就是有点胖，应该多运动，多吃蔬菜。"我抗议道："我一点也不胖，不需要吃这样。"你非常严肃地对我说："我是专家，你要听我的才对。听见了吗？谢同学。"我觉得你今天的健康讲座很成功，我很喜欢你这样的"健康专家"。

2. 我的识别

首先我觉得你很受小朋友喜欢，具有一定领导力，在你的带领下三个小朋友能一直安静地、专注地倾听和游戏。其次我觉得你的语言表达能力很强，在讲座过程中你表达清楚、比较有逻辑性，从环境污染对人健康的影响以及当前健康的生活方式进行了讲解，我感叹你对这方面知识的理解非常深刻。同时我对你的想象创造力也比较认可，将身边不同的材料（地球仪、算盘）即兴应用到你的"讲座"之中。最后我觉得你是一个非常自信、勇敢的孩子，当我质疑你的话时，你能大胆地进行辩论（"我是专家"），而且把我当成了你的学生。我非常愿意在你的指导下当一回你的学生。

3. 我的回应

目前来看，你的讲座内容还是很成功的，但是我觉得缺乏一点互动。可能在材料上我会提供一些小课堂的东西，如黑板、粉笔，真正的笔和纸，还想提供一些人体模型什么的，我有更大的期待。

拒绝先吃饭的乐乐

【故事时间】

2016年10月

【故事地点】

上海市松江区华亭第二幼儿园中三班

【故事作者】

上海市松江区泗泾镇中心幼儿园徐文

【故事主人公】

乐乐（化名，4岁半）

【故事内容】

　　午餐时间到了，生活老师走到我身边跟我说："最近有几个孩子吃饭很慢，让这几个慢的先吃吧。"于是我对着正在自由活动的你们说："吃饭有点慢的孩子先去小便洗手吃饭哦！"我陆陆续续地点了几个孩子的名字，这几个孩子默默地放下玩具进了盥洗室。这时我看到你看了看他们又看了看我，马上又拉住好朋友玥玥的手继续玩玩具，这时我想到昨天午餐最后的时候，生活老师跟我念叨"最近乐乐吃饭越来越慢了，总是吃到最后"，于是我叫了你："乐乐，你先去小便洗手吃饭。"这时你拉着玥玥的手紧了紧，转过头皱着眉头看着我说："我不是吃饭慢的，我吃得很快的。"

　　"真的吗？要不你先去吃，我看看你吃得好不好，等吃好了再玩玩具好吗？"我试着问。

　　"我不要。我想要和我的好朋友玥玥一起吃。"你用坚定的眼神看着我说。

　　我想了想，走近你并蹲下来说："那你待会儿能专心吃饭，快一点吃完吗？"

　　"可以，我会吃得很快的。"你开心地笑了。

　　下一秒你又继续和玥玥做起了游戏，嘴巴里不停地说着："在很久很久以前，有一个月亮公主和一个宇宙公主，她们是一对好姐妹……"说得好认真，笑得好开心。

过了一会儿，当放到你们小兔组音乐的时候，你和玥玥一起收好玩具去盥洗室小便洗手去了，你和之前的每一次一样都洗得很认真，一定要搓出泡泡来再冲水。

当我经过正在吃饭的你身边的时候，你拉住我指指碗里的饭说："老师，看我吃的！"我看到你碗里的饭只剩一半了，马上对你竖起大拇指，你笑得好得意，然后一口接一口地吃起来。

1. 这个故事里什么样的学习可能发生了

当我看着你从拒绝先吃饭到最后很开心专注地吃完饭的时候，真的很欣喜！从这个故事里，我看到了你身上很多闪光的品质：

（1）你是一个自主主动、勇敢自信的孩子

当我让你先去吃饭的时候，你有点不高兴了，你没有像其他孩子那样默默照做，而是积极地向我表达、与我交流。你一定不想成为老师说的那个吃饭慢的孩子，你有自信可以吃得很好，你也一定想和你的朋友一起吃饭，当老师看到你坚定的眼神并且拒绝我的要求时，老师其实是高兴的，因为你能坚持自己的想法并且勇敢地告诉我。你清楚地知道自己想要的和不想要的，并且能完整地表达出来，这样很好。

（2）你是一个守规则、有计划的孩子

虽然你没有按照我临时提的要求先去吃饭，但是当你们小兔组的音乐响起的时候，你马上收好玩具开开心心地跑去盥洗室了。小手洗得很仔细，你总能搓出泡泡来，最后也不忘了在水池里轻轻地甩一甩。这说明你做事情是有自己的计划的，是一个守规则的孩子，而且你不会随便打乱自己的计划。知道吗？按着自己的计划做事情是一个很棒的品质哦！老师为你高兴。

（3）你是一个守承诺并且会反思的孩子

你这次的午餐吃得好香，一口接一口地嚼着咽着，偶尔还跟对面的好朋友笑一笑，连生活老师都夸奖你了："今天乐乐吃得好棒。"老师很高兴你没有忘记和我的约定，吃饭更专心了，所以你吃得也更快啦，你真的没有成为那个吃饭慢的孩子，你说到的事情能努力做到，老师真为你高兴。

2. 下一步学习的机会和可能性

（1）老师不再随便评价你们，说你们吃饭慢

乐乐，知道吗？当你皱着眉头拒绝成为那个老师嘴里"吃饭慢的孩子"时，老师内心有些震动了，很抱歉，老师不该这样随意地评价你们。因为你们会受伤、会难过，更因为你们可以努力去改变，让自己变得更好，你们需要的是变好的机会和老师的鼓励。老师相信你们每个人都有能力成为更好的自己。

（2）给你们更宽松的吃饭氛围，开心地和朋友一起吃吧

看到你和朋友坐在一起吃饭那么开心，老师在想，要不下次我们试试在吃饭的时间打破音乐的限制，让你们自己选择吃饭的时间以及和谁一起吃，这样你们又多了一件自己能做主的事情，会不会很开心呢？

（3）多让你在大家面前分享自己的想法，希望你的勇敢自信能给其他孩子以启发

乐乐，你很勇敢，敢在老师面前说出你的想法，敢对老师的要求进行拒绝。可是你的身边还有很多的孩子，他们不敢像你一样表达自己，所以，老师在想，以后多给你机会在集体面前表达自己的想法。希望可以让每个孩子都像你一样学会大胆地表达自己，或者我们一起讨论做什么、不做什么、为什么，这样是不是很好呢？

3. 文末给乐乐的话

乐乐，谢谢你，写下你的小故事让徐老师学到了很多。你妈妈总是担心地来问我："乐乐在学校里有没有听话呀？"我相信今天的故事一定会让她的想法有所改变，我一定要把你的故事讲给她听，让你最爱、最亲的人更多地认识你、了解你，更深地爱着你！

照镜子

【故事时间】

2017年11月27日

【故事地点】

上海市松江区机关幼儿园

【故事作者】

上海市松江区方塔幼儿园褚雯婷

【故事主人公】

佳豪（化名，男孩，6岁）

【故事内容】

前段时间，我发现每次用餐用点后，总有宝贝脸上、嘴角脏脏的，但是每个人都告诉我自己用毛巾擦过了，这是怎么回事呢？原来很多宝贝总是匆匆忙忙地用毛巾随便一抹，却不抬头照一下墙上的镜子。于是，我开始找班里的"花脸小猫咪"，谁的脸上有酱油，谁的嘴角有饭粒，我就知道他一定又忘记照镜子了。每当我弯下腰仔细地盯着宝贝的小脸看，他们就会意识到我在找"花脸小猫咪"了，马上会去照一照镜子检查一下小脸是不是干净了。慢慢地，他们开始养成自觉对镜检查的习惯。

这几天，原本固定在墙上的两面镜子中的一面松动了，于是我将它取下，暂时放在了旁边的柜子里，准备有空时再将它安回去，但是在我安回去之前，故事发生了。

1. 我的观察

吃完下午的点心，你走到小镜子前，抽了一张纸巾对着镜子擦了擦嘴巴，然后将纸巾团起来扔进了垃圾桶。正准备走，突然发现旁边的柜子里那面还没安回墙上的镜子，你好奇地盯着它看了一会儿，然后小心翼翼地用双手拿起它，放在自己的小脸前，照了起来，左看看，右看看，小脑袋转来转去，对着自己挤眉弄眼。

我在你的不远处正忙着给妹妹们梳着辫子，一分钟过去了、两分钟过去了……你似乎怎么都照不够。每当我抬头看向你，你依然手举着镜子，只不过身体开始朝各个方向转动。也许又发现了什么有趣的事情，你的眼睛不再看向镜子里的自己，而是从镜子里寻找着什么，这个方向看完，转90度看看，然后再转90度瞧瞧……恰好，你和我的目光在镜子里相遇了——我看到了你的眼睛，我知道你也看到了我。于是，我举起还拿着梳子的手对着镜子里的你挥了挥，你回了我一个不好意思的笑脸，接着又掉转了镜子的方向。

大概你发现了我在看你，你也开始从镜子里偷偷看我，接下来，我总能从各个角度的镜子里，看到一双露出特别多眼白的眼睛在偷瞄我。每当这时，我就给镜子里的你一个大大的微笑，而你会马上转过身去。但是过了一会儿，我又从镜子里找到你的眼睛了。这个"偷瞄"的游戏让你很快乐，虽然我们没有说话，但是我们用眼神玩着"捉迷藏"。就这样，一直到妹妹们梳完头，小朋友们都回到了座位上，你才放下镜子，回到了自己的座位上。

2. 我的识别

（1）充满好奇的你

墙上的两面镜子怎么少了一块？另一块镜子怎么放在了旁边的柜子里？拿起来看一看吧。你可真是一个好奇心满满的孩子！

（2）喜欢探索的你

原来当镜子不固定在墙上时，镜子里会发生这么多变化，不仅可以从各个方向（上下左右）看到站在不同位置的自己，还能从不同的角度找到镜子里的老师，这是一件多么神奇又好玩的事情！

（3）做事专注的你

几乎最快吃完点心的你，一直到所有小朋友吃完点心，妹妹们梳完头发，你才结束了"照镜子"，可见，你是多么专注和投入其中！

（4）遵守规则的你

吃完点心，你会仔细地照镜子检查是否擦干净，并能把纸巾团起来扔进垃圾桶里；拿镜子的时候，你会小心翼翼，双手牢牢抓住镜子，爱惜物品；当所有的孩子回到座位上，你没有再继续自己的"游戏"，而是赶紧回到了座位上。

3. 我的回应

（1）现场互动，激发兴趣

当我们的眼神第一次在镜子里相遇时，我从你的视线转移中发现了你的"心虚"，也许是在担心："玩镜子可不可以？"不过我马上对你挥了挥手，打了个招呼，让你明白，我看到了，我并没有反对哦！果然你安心了不少，接着开始和我玩起了"眼睛躲猫猫"游戏，我也继续很配合地在给妹妹们梳头发之余，不断抬头从镜中找你的眼睛，虽然我们没有说话，但是我们很有默契哦！

（2）材料支持，静观其变

一模一样的镜子，墙上的那块没有吸引你的关注，而柜子里那块可以移动的镜子却深深吸引了你，看来，我不必急着把镜子安回原处，我会把它继续留在柜子里，看看下一次，你还会去玩它吗？别的孩子又会发现什么呢？

（3）分享发现，共同探索

镜子不仅能照出自己，还能照出身后的不同场景，改变它的角度，还能看到不同方向的景物，我真为爱观察、爱探索的你感到自豪，你愿意把你的发现分享给大家吗？相信他们一定会给你掌声！

（4）教学支持，继续推动

镜子除了用来观察自己，还能做许多事情呢。下次我们一起来玩用镜子找东西的游戏，你会发现，原来镜子在生活中还有很多用途，它为我们的生活提供了方便，如车上的后视镜、反光镜等。

4. 故事后续

就这样，我也顺其自然地不再把镜子安回墙上，你果然时不时地会去那里玩一会儿。你的游戏很快引起了伙伴们的兴趣，他们会在你照镜子时，从你身后探出脑袋，对镜子里的你做个鬼脸。你也会邀请朋友和你一起玩照镜子的游戏，当我好奇地走过去问你们在玩什么时，你和小伙伴们会兴奋地把你们发现的秘密告诉我，所以在镜子旁聚集的孩子渐渐多了起来。后来，我没有组织这场关于镜子的集体活动，因为你们已经从一次次的镜子游戏中学到了很多，不再需要我来教你们认识镜子了。

没过几周，这个游戏对孩子们的吸引力显然没那么大了，这个地方再次冷清了下来。直到一个大晴天的下午，又一个男孩发现了天花板上的一个亮点，并且找到了它的来源，还是那面镜子，另一个故事、另一场游戏又继续发生了。后来的后来，一面墙上的薄镜子出现了几条裂痕，一个女孩在擦嘴巴照镜子时，惊奇地盯着镜子自言自语道："咦，怎么会有三张嘴巴？"新故事、新游戏又开始了。原来，孩子的探索和学习无处不在。

　　渐渐地，我喜欢在孩子身边仔细观察他们在做什么，侧耳倾听他们在讨论什么，分析他们各种行为背后真正的原因，尽我所能地给予各种支持；我还喜欢将我发现的故事用各种方式记录下来，分享给身边的同事、朋友，还有家长，邀请他们一起走进孩子的世界是一件多么快乐的事情！

沛淇的星期二

【故事时间】

2017年11月7日—12月26日

【故事地点】

上海市松江区谷阳幼儿园

【故事作者】

上海市松江区谷阳幼儿园孙玮

【故事主人公】

沛淇（化名，男孩，5岁）

【故事内容】

上学期，我参加了唐老师的市级网络培训课程"幼儿园值日活动的组织"。对小、中、大班的值日生活动的组织的价值和意义有了进一步的了解。本学期，我迫不及待地想学以致用。

在开学的第一个月中，我和孩子们一起商量：值日生可以做些什么？怎样轮流做值日生？然后根据孩子们商量的内容和想法，创设了"今天我值日"的墙面。

孩子们又说想邀请阳阳（幼儿园吉祥物）到我们班一起做值日生，这可有点把我难住了……于是我绞尽脑汁，把阳阳画在了值日生牌子上，又在"今天我值日"的墙面上彩绘了阳阳用魔法棒变出了一片星空，每颗星星上贴有一个孩子的照片。然后告诉他们："阳阳送给大家每人一颗星星，它希望和你们一起把这颗星越变越亮，当星星上的小五角星积满一定数量后，阳阳就会送礼物给大家哦！"孩子们高兴得不得了，就这样，我们的值日生活动开始了……

1. 我的观察

11月7日　星期二　阴转多云

沛淇，我发现平时来园不太早的你，每逢周二总是最早来到教室。每周二你都会选做不同任务的值日生：看洗手、整理玩具、看漱口、看擦脸等，每项值日任务你都做得非常认真。今天你又是第一个来园的。

"孙老师早上好！"走廊上的你已经大声地和我打招呼了。

"早上好，沛淇！哇，今天你是第一名哦！"我笑着和你打招呼。

"孙老师，因为今天我是值日生啊！"你笑着回答我。

"是的呀，昨天回家他就开始念叨这件事情了，今天起得特别早，说要当天气预报的值日生！"你的妈妈跟在后面，补充道。

你戴好值日生牌子后，来到"天气预报"橱前：

"今天是星期二，6后面是7，所以今天是7日……今天没有太阳，换这个图片……今天适合穿毛衣。"你边喃喃自语，边动手操作着。

11月14日　星期二　小雨

沛淇，又到了星期二，你还是第一个来到教室，今天你又选择做"天气预报"的值日生。戴好值日生牌子后，你快步来到"天气预报"橱前，熟练地动手操作起来：

"昨天星期一是13日，今天是14日……今天外面下雨了，要换成下雨的图片……今天要穿雨衣，可是没有雨衣呀……"你喃喃自语着。

"孙老师，怎么没有雨衣的图片哪？"你转过来问我。

"沛淇，雨衣和雨伞一样，是下雨天出门时要带的工具，不是平时穿的衣服哦！现在是秋天，你觉得大家穿什么衣服合适呀？"我解释着。

"哦——孙老师，雨衣不是衣服对吗？那还是贴毛衣图片吧！"你点了点头对我说。自由活动时，我听到你在和同伴分享雨衣的"故事"呢！

11月21日、11月28日，沛淇你似乎迷上了"天气预报"，之后的星期二，你每次都选择做"天气预报"的值日生。

12月5日　星期二　晴

今天，你又第一个来到了教室，你还选择做"天气预报"的值日生。我在教室门口接待着陆续来园的其他小朋友，突然听到你大声唤我：

"孙老师，孙老师，你快来看哪！这个日历它怎么变了呀？"

我来到你面前，看了看你指着的日历，瞬间明白了怎么回事，笑着问你：

"沛淇，日历哪里变了呀？"

"我记得这个空格本来是7，现在怎么变成5了呀？"你皱着眉问我。

"哇，沛淇你好厉害，记得这么清楚哇！那你看看现在是几月份了？"

"嗯……咦？12！孙老师，现在是12月了对吗？"你边看月份边问我。

"对呀，上周还是11月份，现在是12月份啦！所以日历上的数字也会根据月份改变哦！"我笑着回答你。

"哇！孙老师，那这个是魔法日历吗？是阳阳给它变的吗？"你接着问我。我看着你满脸惊奇和神秘兮兮的样子，大笑着说：

"哈哈哈，是的呀……"

然后你也大笑着转身，又去和小伙伴们分享这个新发现的"秘密"了。

之后的每周二，你继续迷恋着天气预报值日生一职……

12月26日　星期二　晴

沛淇，今天你操作完"天气预报"后，笑着问我：

"孙老师，孙老师，这个星期过去后，是不是13月了？阳阳又会变出13月的魔法日历了，对吗？"

"哈哈哈，沛淇，12月后面不是13月哦！12月过完就是1月啦！"我大笑着回答你。

"孙老师，12后面怎么是1呢？你看，日历上12后面是13呀！"你问。

"哇，沛淇你真会动脑筋哪！嗯，是这样的，因为一年只有12个月，就像每个星期只有7天，这和每个月的日历都是不一样的呢！而且2017年也要过完了，接下去就是2018年啦！"我对你解释着。

你眨着眼睛想了想，又望着我说：

"孙老师，那阳阳是不是很忙啊？"

"啊？"我诧异地回了一声。

"因为它又要用魔法变日历，又要变月份，还要变出2018年哪！"

"哈哈哈，是呀是呀！听你一说，阳阳还真是很忙啊！"我抑制不住地大笑。

"孙老师，我们能帮阳阳吗？"你一脸认真地向我提出你的想法。

"当然可以呀！沛淇！你的想法真是太棒了！阳阳最喜欢大家帮它的忙

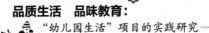

了！那下周就让我们一起变2018年，变1月份，再变日历好吗？"我答应道。

"好的，孙老师！"笑容又重新回到你的脸上。

2. 我的识别

沛淇，你的每个星期二过得是如此妙趣横生啊！

（1）你是一个乐意为集体付出的"小暖男"

每周二你总是来园最早的，积极地承担着值日生工作，愿意尝试每项值日生工作，比如，看洗手、整理玩具、看漱口、看擦脸等。看洗手时，你会提醒同伴们把袖口卷起来再洗手；看整理玩具时，你会请同伴们排队放玩具；看漱口时，你会提醒同伴漱两口，蹲下来吐在桶里；看擦脸时，你会仔细看同伴们有没有把小脸擦干净，等等。每项值日生工作你都完成得认真又出色。

（2）你是一个愿意坚持任务的小勇士

每周二的你，对"天气预报"这项值日生工作能这么坚持不懈，几乎不需要老师提醒和帮助，你就能有始有终地完成"天气预报"任务。你的坚持性和责任感真让老师由衷地佩服。

（3）你是一个喜欢钻研探索的小学者

每周二的你，在"天气预报"值日生工作中，喜欢动手动脑去探索，会关注环境的变化。你发现了雨衣不是衣服的秘密；你发现了11月和12月日历变化的秘密；你有自己的思考和想法，并且愿意大胆地表述出来。你觉得月份12后面应该是13，怎么12月后面却不是13月呢？当我和你解释后，你又发现了原来12月之后不是13月，又要回到1月份呢！你还会把这些发现去和同伴们分享，这些可都是靠你的好奇心和学习兴趣才有的了不起的发现哦！

（4）你是一个善于为他人着想的小可爱

最让老师感动的是你的善良和热心，你会想到阳阳要变这么多事情，会不会很忙？所以你提出一起帮助阳阳。知道吗沛淇，这真是一个绝妙的好主意呀！等元旦放假结束后，我会请大家一起帮阳阳变一变2018年，变一变1月，再变一变1月份的日历，好吗？

3. 我的回应

（1）一起帮阳阳变"天气预报"

2018年1月2日，星期二，多云。沛淇，今天早上你依然第一个来园，我和你约定了待会儿和大家一起变一变"天气预报"。我拿出准备好的"2018"和

"1"，请你和小伙伴们一起给"天气预报"变一变。我还给你们带了一份2018年的挂历，让大家一起看一看2018年1月份的日历是怎么排列的。然后请大家一起把我们"天气预报"上的日历排一排。我还把阳阳"请"到了教室里，它"说"谢谢你们，看着你们兴奋地和阳阳合影、拥抱，我觉得你们很幸福，我更幸福。

（2）发现更多的"值日生"故事

接下去，我还会写一写其他宝贝做值日生的故事，我会把一个一个故事都放到我们个别化学习活动的"阳阳故事屋"中，让你们去听一听。

（3）和爸爸妈妈分享"阳阳故事会"

我还有一个想法：等到期末"家长半日开放"活动的时候，在我们班举办一个"阳阳故事会"。我想请你们自己来讲一讲你做值日生的故事，把我们做值日生的故事讲给爸爸妈妈、爷爷奶奶听一听，让他们知道我们在幼儿园里可是很能干、很棒的哦！相信一定会更有趣！新的一年到来了，我也希望我的宝贝们在家里也能为你们的爸爸妈妈、爷爷奶奶做一些力所能及的事情！

（4）我们还可以做些什么

下学期，我还会和大家一起商量值日生可以做些什么，把大家需要的值日生工作保留下来；把大家都喜欢却不一定能做到的值日生工作变成每人轮流的模式；还可能需要适当地增加值日生牌子，作为机动值日生，替补因生病请假没来园的同伴……期待下学期的你们给我更多的惊喜！

迪斯尼之旅

【故事时间】

2017年11月17日

【故事地点】

上海市松江区白云幼儿园户外游戏建构区

【故事作者】

上海市松江区白云幼儿园李佳

【故事主人公】

磊磊（化名，男孩，6岁）

【故事内容】

　　新学期，大班孩子们的自主游戏在户外展开，其中大型建构游戏尤其受到我们班孩子的喜爱。在连续一个多月的时间里，孩子们建构的兴趣浓厚，建构的作品主题内容日趋丰富，建构经验及同伴合作能力也在稳步发展，孩子们能够自主选择玩伴，且玩伴相对固定，大部分小组有固定的"小组长"，且组员愿意听从指派进行游戏，部分小组出现共同协商、分工合作的交往方式，整体呈现友爱、互助的氛围。磊磊连续两周都和同一群小伙伴在一起，搭建过程中，我发现磊磊对于"作品的牢固性"产生了浓厚的探索兴趣。

　　1. 我的观察

9：05—9：08

　　建构游戏开始了，孩子们自由分组选择玩伴进行游戏。磊磊，你今天又和许愿（化名）、高辰奕（化名）在同一个小组，同组的小朋友一共有9个人，这真是一个大规模的建筑小分队呢。几个好朋友围着圈开始商量着游戏中要搭什么。你首先提议："我们今天来搭迪斯尼吧！"许愿说："好，那我要搭一个迪斯尼里面的喷泉。"高辰奕说："我来搭游乐场。"你点点头表示赞同：

"那好，你（许愿）来搭喷泉，我来搭大门，熊子康（化名）你们几个去拿积木，高辰奕负责搭游乐设施……"高辰奕说："啊，不要，我要搭个休息室。""好，那你搭休息室好了，熊子康你们搭游乐设施。"于是，团队的其他朋友纷纷表示同意。3分钟后，大家开始陆续行动起来，有的找场地、有的选材料、有的拿积木，人人有事做。

你就像个小领队一样，安排着小伙伴们分工配合，你认同小伙伴们的想法，小伙伴们也愿意听从你的建议，就这样，迪斯尼小分队开始有条不紊地工作了。

9：08—9：16

你拿来了两块有对接口的长木板，尝试着将两块木板对接成屋顶三角形的支撑状，只见你两只小手分别拿着一块有接口的木板，用力向上提着进行拼接。一次，两次，三次……你努力地尝试了好几次，但是接口的地方总是露出一点小缝，你似乎很不满意，一次次拆了又重新接上，大约过了2分钟，你对身旁的许愿说："许愿，请你来帮我一下好吗？帮我把这个拿一下。"许愿听到了你的呼唤立刻就过来帮忙了。你一边调整着木板的角度和位置，一边说："你就这样拿着，别动哦。"这一次，在小伙伴的帮助下，你成功地将两块木板牢牢地拼接在一起了，你笑着说："好了，谢谢！"

你认真探索的样子特别帅，努力坚持着做到最好，老师看到你专注的样子特别高兴，当然，聪明的你也会适时地请求同伴的帮忙，能使用"请""谢谢"等礼貌用语，谦逊有礼的你让小伙伴们愿意帮助你。

9：16—9：30

你眨着眼，若有所思地看着搭成功的三角形门头，似乎又想到了什么。随后又快速跑到积木架拿了一块长木板，把木板横了过来，小心翼翼地放在了之前搭好的三脚架的顶端。当木板稳稳地固定在三脚架的顶端时，你高兴地说："你们快来看，成功了！"小伙伴们被你特别的创意吸引了过来，熊子康指着木板中间的地方说："哇，这里还能放一块三角形的积木，就是屋顶了。"你点点头："好哇！"说完拿起了一块大三角形放在中间。"我觉得这个旁边还能放两块积木。"说完，你又尝试着在横着的木板上放更多的积木。当你想要在木板一边的位置放积木时，木板微微摇晃了一下，有点倾斜了。你注意到了这个小小的变化，立刻把拿有积木的小手提了起来，随后又拿来了一块同样形状的积木，两只小手各拿一块，同时将积木轻轻地放在了木板的两边。其他小伙伴看到了你的想法，纷纷跑来，天天（化名）说："这里再放一块吧。"你说："慢点，不行的，这里要两边一样的。"于是，找来了一块和天天拿的一模一样的积木。你俩一人一边放置两块相同的积木，但是，当积木轻轻接触到木板时就会出现晃动，始终不能保持平衡。一次，两次，三次，四次……木板不断地倒下去，就这样，你们反复试了好几次。突然，你对天天说："你过去一点，像这样，和我一样，我们一起放下去。预备，放。"哇，成功了。脸上灿烂的笑容绽放，尽管此刻的你已经满头大汗。

磊磊，你的细致观察、敢于尝试、坚持不懈的好品质，让老师忍不住为你点赞。看，伙伴们一起配合，只要动动脑筋，找到配合的好方法，就会有令人惊喜的收获呢。

2. 我的识别

当我看着你在这短短30分钟的建构游戏中是那样积极探索、乐于交往，李老师为你点赞。从这个故事里，我看到了你身上很多闪光的品质。

（1）你是一个有想法、领导力特别强的小队长

每次和伙伴们一起游戏，你总是积极又主动，游戏中的你总是充满了各种奇思妙想，你会向小伙伴们友善、清楚地表达你的想法和建议。在你的团队中，你就像一个小队长，能把团队中每个成员的工作安排得妥妥的，大伙儿也特别愿意跟随你一起游戏。当然，当有伙伴不那么认同你的想法的时候，你也能够理解和尊重对方的心情和想法而改变自己原有的计划安排，让每个小朋友都能在团队合作中得到满足的体验和游戏的快乐。你就是那么有号召力。

（2）你是一个专注细心、遇到困难不退缩的男子汉

专注、坚持、细心、不放弃，这些好的品质都在你的身上慢慢地体现了。还有，你能够在游戏中找到解决困难的好方法，让老师感到佩服。游戏中你不断探索着让木板平衡的好方法，连续几次不成功也没有影响你的探索热情，你坚持着自己不断尝试，你会适时地向同伴发出求助。老师知道，当时的你一定是在每一次的困难中积累着解决问题的新经验，在每一次的重新搭建中摸索着保持平衡的新方法。这样不急不躁不放弃，你真的成功了。

（3）你是一个会观察、爱动脑筋的孩子

当朋友们也想学学你，尝试在木板的两边放上更多积木的时候，你一边勇敢地说："要两边都一样。"一边又继续探索着两个人合作保持平衡的好方法。老师知道，你一定是发现了积木对称的秘密，你还发现了积木摆放的位置也要一模一样，还有两个人合作相互配合的好方法，你也在不断地思考着。你的细致观察、爱动脑筋的闪光点真的特别棒！

3. 我的回应

★让所有小伙伴欣赏你们的作品有多棒

交流分享的时候，你主动提出想要和大家分享你们的建筑创意。伙伴们都不约而同地发现了那经过你无数次努力后的成果——平衡三角顶。大家对于三角顶的平衡杆上能够叠加许多积木而保持平衡的方法产生了好奇和议论，纷纷举手想要表达自己的发现和想法。有的说："我发现了这两边的积木是对称的。"于是我问："那么，什么地方是对称的？"大家你一言、我一语："积木的大小是对称的。""积木的颜色是对称的。""积木的重量是对称的。""积木的位置是对称的。"等等。就这样，大家在你的小小创意中收获了大大的经验和启发。我相信，通过这次交流讨论，以后会有更多的小伙伴愿意试试你们在搭建中的好方法，让自己的作品变得更加与众不同。

★让老师支持你们的想法和发现吧

为了让大家能够清楚地看到建筑作品，今天的分享交流我请所有的孩子分成两队，"建筑师"一队，"小观众"一队，面对面站成两排。这时候，李夏恺（化名）举起了小手，问："我有个问题，两边对称的话，这么远的距离，是怎么做到放上去不倒的呢？"于是，大家对这个问题展开了激烈的讨论，32个小朋友提出了三种不同的想法：可能是一个人两只手同时放上去的；可能是先放一边，然后快速地再拿一块放在另一边；可能是两个人一起放，而且中间有一个人是扶住木板的。伙伴们经过一番激烈的讨论之后，你用完整清晰的介绍为伙伴们解答了困惑。谢谢你，你的小创意引发了伙伴们激烈的猜测和想象，在伙伴们相互的交流互动中，大家收获的不仅是建构中的小经验，更多的是作为一个大班孩子细致观察、善于思考、努力解决问题的好品质。老师会一直努力倾听你们的想法，支持你们的发现，慢慢地让每一个小朋友都能变得爱说、想说、会说。

★让老师继续关注你和你的小伙伴们在活动中的表现

你热情、善交往、有想象力，你让我看到了一个大班孩子身上最可贵的专注和坚持。这些学习品质会让你在各种活动中不断受益，也期待你在幼儿园的各项活动中不断地发出更多的光芒。

当然，老师还在思考：大班的孩子对哪些游戏主题、建构材料感兴趣呢？还会有哪些新的建构经验出现呢？在以后的游戏中，你们还愿意和哪些朋友一起游戏呢？还会有其他的小领导人出现吗？或者还有哪些其他的合作模式产生呢？老师以后会继续关注你们，希望你们越来越优秀！